Renate Ahrens

Hallo Claire –
I miss you

Eine deutsch-englische
Freundschaftsgeschichte

Rowohlt Taschenbuch Verlag

Lehrermaterialien zu diesem Buch finden Sie unter
www.rowohlt.de/downloads/lehrer. Sie können als
kostenloser Download heruntergeladen werden.

4. Auflage Juni 2008

Originalausgabe
Veröffentlicht im Rowohlt Taschenbuch Verlag,
Reinbek bei Hamburg, August 2005
Copyright © 2005 by Rowohlt Verlag GmbH,
Reinbek bei Hamburg
Alle Rechte vorbehalten
Lektorat Linde Müller
Umschlag- und Innenillustrationen Jan Lieffering
Umschlaggestaltung any.way, Andreas Pufal
rotfuchs-Comic Jan P. Schniebel
Copyright © 2005 by Rowohlt Verlag GmbH,
Reinbek bei Hamburg
Satz Dante MT Postscript, QuarkXPress 4.11
bei KCS GmbH, Buchholz bei Hamburg
Druck und Bindung C. H. Beck, Nördlingen
Printed in Germany
ISBN 978 3 499 21330 4

Für Rachel

Best Friends

Marie schaute auf den Stapel roter Hefte, der vorne auf dem Pult lag. Ihr Herz klopfte. Gleich würden sie ihre Englischarbeit zurückbekommen. Hoffentlich hatte sie diesmal weniger Flüchtigkeitsfehler gemacht. Claire und sie hatten so viel geübt.

«Claire hat wie immer eine Eins», sagte Frau Deubner, ihre Klassenlehrerin, und reichte Claire ihr Heft. «Congratulations.»

«Thanks.»

«Und Marie hat auch eine Eins! Well done!»

Marie spürte, wie ihr das Blut in den Kopf schoss. Sie hatte noch nie eine Eins in Englisch geschrieben.

«Hey, this is great!», flüsterte Claire und drückte ihre Hand. «I knew you could do it.»

Die anderen in der Klasse hatten Zweien und Dreien, nur Gregor hatte eine Vier.

«Wenigstens keine Fünf», murmelte er zufrieden.

«It's wonderful to have a native speaker in class», sagte Frau Deubner und lächelte Claire zu. «I know you've been working with Gregor and it shows already.»

Claire half Gregor manchmal bei den Hausaufgaben, und obwohl er sonst von Mädchen nichts hielt, machte er bei Claire eine Ausnahme.

Die meisten mochten Claire, das war schon in der Grundschule so gewesen. Marie erinnerte sich genau an den Tag, als Claire in ihre Klasse gekommen war. Fast zwei Jahre war das jetzt her. Ihr waren sofort Claires lange schwarze Haare, die leuchtend blauen Augen und die helle Haut aufgefallen, die aussah wie Porzellan. Bis dahin hatte sie immer gedacht, alle Iren hätten rote Haare und Sommersprossen, so wie sie und die Zwillinge. Claire konnte kein Wort Deutsch, und Marie konnte damals kaum Englisch, aber trotzdem hatten sie es geschafft, einander zu verstehen. Sie mochten sich sofort. Manchmal hatten sie aufgemalt, was sie sagen wollten, oder sie hatten der anderen vorgespielt, worum es ging. Dabei hatten sie immer viel gelacht. Schwierige Wörter hatte sie im Wörterbuch nachgesehen, oder Marie hatte ihre Mutter gefragt. Obwohl Claire jetzt schon ganz gut Deutsch konnte, sprachen sie weiter englisch und deutsch miteinander. Vielleicht weil sie sich so kennen gelernt hatten.

Wollen wir nach der Schule kurz zu unserem Versteck? Ich muss dir was erzählen, schrieb Marie auf einen Zettel und schob ihn Claire unter der Bank zu.

Yes, let's do that, schrieb Claire zurück.

«Will you please stop writing letters!», rief Frau Deubner und sah sie streng an. «Auch wenn ihr beide eine Eins geschrieben habt.»

Marie und Claire zwinkerten sich verstohlen zu. Zwei Minuten noch, dann war die Schule aus.

Als es klingelte, packten sie in Windeseile ihre Sachen zusammen und liefen nach draußen auf den Schulhof. Zum Glück hatte es aufgehört zu regnen, und nun kam sogar die Sonne heraus. Sie schwangen sich auf ihre Räder und fuhren in Richtung Isebekkanal.

Im letzten Sommer, kurz nachdem sie aufs Gymnasium gekommen waren, hatten sie den Baum entdeckt, dessen Äste fast bis ins Wasser hingen. Eigentlich war es jetzt im Januar zu kalt, um darunter zu sitzen, aber diese Stelle war zu ihrem Lieblingsplatz geworden, und so kamen sie alle paar Tage hierher. Auch wenn die dünnen, blätterlosen Äste im Winter nicht denselben Schutz boten wie im Sommer, fühlten sie sich doch unbeobachtet genug, um wichtige Dinge zu besprechen.

9

Sie setzten sich auf den alten Baumstamm, den sie vor ein paar Wochen gefunden hatten, und blickten aufs Wasser.

«Meine Mutter bekommt wieder ein Kind», sagte Marie nach einer Weile.

«Really?», rief Claire. «You're so lucky.»

Marie war sich nicht sicher, ob das wirklich so gut war. Demnächst würden sie zu siebt in einer Wohnung wohnen, die schon für sechs zu klein gewesen war. Umziehen konnten sie nicht; dafür war bei ihnen das Geld zu knapp. Aber trotzdem hätte Marie nicht gern mit Claire getauscht. Sie hatte gar keine Geschwister, sondern nur ein Meerschweinchen.

«I've never understood why my parents didn't want more children.»

«Vielleicht weil ihr so oft umgezogen seid.»

«There are other people who move from one country to another and still have more than one child.»

«Ich hab gestern Abend mitbekommen, dass dieses Baby nicht geplant war ...»

Claire sah sie erschrocken an. «Does that mean they're not happy about the pregnancy?»

Pregnancy? Marie überlegte. Das hieß wahrscheinlich Schwangerschaft. «Doch, sie freuen sich auf das Baby. Aber meine Mutter wollte bald wieder anfangen zu arbeiten, und daraus wird jetzt erst mal nichts.»

«What kind of work does your Mum do?»

«Sie ist Erzieherin.»

«What's that?»

«Sie arbeitet mit Kindern. Bevor Julchen und die Zwillinge geboren wurden, hat sie den Kindergarten geleitet, in dem ich war.»

«Well, with five children she'll have plenty of work at home.»

«Ja, aber dafür kriegt sie kein Geld. Das ist das Problem.»

«Yes, of course ...»

Marie wusste, dass Claires Vater viel Geld verdiente; er hatte einen wichtigen Job bei einer Bank. Aber Claire gab nie damit an, und wenn ihre Eltern mit ihr übers Wochenende nach Paris oder London flogen, erzählte sie niemandem etwas davon außer ihr. Manchmal kam es Marie so vor, als ob Claire sich dafür schämte, dass ihre Familie so reich war.

«Wollen wir los? Sonst wundert sich meine Mutter wieder, wo ich so lange bleibe.»

«Yes, let's go.»

Sie liefen zu ihren Rädern zurück und radelten

12

los. Da Claire nur wenige Minuten von Marie entfernt wohnte, hatten sie fast den gleichen Weg nach Hause.

«Was machen wir heute Nachmittag?», fragte Marie, als sie vor ihrem Haus angekommen waren.

«Will you come to my place? We could do our homework together and then perhaps make a cake.»

«Ja, super!», rief Marie und winkte Claire zum Abschied zu. «Ich komme gegen halb vier.»

«Okay. See you later!»

Aber dann hatte sie doch nicht zu Claire gehen können, weil sie den ganzen Nachmittag auf Julchen und die Zwillinge aufpassen musste. Mam hatte auf dem Sofa gelegen, weil ihr die Beine wehtaten. Seitdem sie wieder schwanger war, taten ihr oft die Beine weh.

Marie schaute auf die Uhr. Zehn nach acht. Wo blieb Claire? Erst hatte sie zu Hause vergeblich auf sie gewartet, und dann tauchte sie noch nicht einmal zum Unterricht pünktlich auf. Das sah Claire gar nicht ähnlich, sie war noch nie zu spät gekommen.

«Who wants to start reading?», fragte Frau Deubner und blickte in die Runde. «Marie, what about you?»

13

Marie zuckte zusammen. «Tut mir leid. Ich ...»

«In English, please.»

«I don't know ... where we are ...»

«Page 38, line 6», antwortete Frau Deubner mit leichtem Stirnrunzeln.

Sie hatte gerade angefangen zu lesen, als die Tür aufging und Claire hereinschlüpfte. Marie sah sofort, dass sie geweint hatte.

«Sorry I'm late.»

«And why are you late?» Die Stimme von Frau Deubner bebte gefährlich.

«My alarm clock didn't go off this morning.»

Einige fingen an zu kichern.

«Ruhe!», rief Frau Deubner. «Und deine Eltern? Haben die keinen Wecker?»

«In English, please», feixte Gregor aus der letzten Reihe.

«Sei nicht so vorlaut», sagte Frau Deubner streng, aber dann musste sie plötzlich doch schmunzeln. «Marie, will you go on?»

Marie nickte und las weiter. Sie war erleichtert, dass Frau Deubner Claire nicht weiter ausgefragt hatte. Irgendwas stimmte nicht mit ihr. Nachdem sie fertig gelesen hatte, schrieb sie *Was ist passiert?* auf einen Zettel und schob ihn Claire unter der Bank zu.

I'll tell you later, schrieb Claire zurück, und dabei standen ihr Tränen in den Augen.

In Maries Kehle wurde es eng. Noch nie hatte sie Claire so unglücklich gesehen.

Als es zur Pause klingelte, lief Claire sofort aus der Klasse. Marie rannte hinter ihr her und fand sie schließlich auf der Mädchentoilette.

«Leave me alone», schluchzte Claire und schlug die Hände vors Gesicht.

«Erst wenn du mir gesagt hast, was los ist.»

«I ... I can't ...»

«Warum denn nicht?»

«Because it's so awful ...»

«Haben deine Eltern sich gestritten?»

«No ...»

«Bist du krank?»

Claire schüttelte den Kopf.

«Ist dein Meerschweinchen gestorben?»

«No, Billy is all right ...»

In dem Augenblick klingelte es zur nächsten Stunde. Da hatten sie Mathe, und Dr. Petersen war meistens pünktlich. Aber das war Marie jetzt egal.

«We're going back ...», hörte sie Claire da sagen, «back to Dublin ...»

«Was???»

«They told me last night ...»

«Und wieso?»

«The bank my Dad works for offered him a top job in Dublin. And he accepted it.»

«Das hab ich nicht kapiert.»

«Die Bank, für die ... mein Vater arbeitet, hat ihn gefragt, ob er ... einen Superjob in Dublin will ... Und er hat ja gesagt.»

«Und dich haben sie nicht gefragt?»

«No ...»

«Aber ich dachte, deinen Eltern gefällt es hier in Hamburg.»

«My Mum said she didn't want to be so far away from my grandparents any longer. They're old and my Grannie is quite ill ...»

Claire sprach so schnell, dass Marie nur die Hälfte verstanden hatte. Es ging um die Großeltern und darum, dass die Oma krank war.

«Wann ... zieht ihr um?»

«On the 13th of February.»

«Was? Das sind ja nur noch ...» Marie zählte schnell nach. «Nur noch vier Wochen ...» Bei dem Gedanken wurde ihr schwindelig.

«Let's go back to class», sagte Claire und griff nach Maries Hand.

16

Sie hielten sich fest, bis sie wieder auf ihren Plätzen saßen. Dr. Petersen war zum Glück noch nicht da. Als er zwei Minuten später die Klasse betrat und wie immer sofort die Hausaufgaben sehen wollte, war es Marie, als ob seine Stimme aus weiter Ferne käme. Die ganze Stunde konnte sie an nichts anderes denken als an Claire, ihre beste Freundin, die bald nicht mehr da sein würde.

Als Marie mittags nach Hause kam, war ihre Mutter in der Küche mit Julchen beschäftigt, die mal wieder einen ihrer Wutanfälle hatte. Sie war drei und hielt alle auf Trab. Isabelle und Nele waren schon sieben. Aber wenn ihnen etwas nicht passte und sie im Chor losbrüllten, hätte man sie glatt für fünf halten können. So auch heute.

Marie nutzte das Chaos und verschwand schnell in ihr winziges Zimmer, bevor die anderen sie gesehen hatten. Sie schloss die Tür hinter sich ab, warf sich auf ihr Bett und fing an zu weinen. Es war so unfair, dass Eltern einfach über ihre Kinder bestimmen konnten. Claire wollte nicht zurück nach Dublin. Sie war glücklich hier, auch wenn es anfangs für sie nicht leicht gewesen war, weil sie kein Deutsch konnte.

Marie vergrub ihr Gesicht im Kissen. Ohne Claire würde nichts mehr so sein wie vorher. Sie hatten alles zusammen gemacht. Alles. Morgens klingelte Claire bei ihr, und sie fuhren mit dem Rad zusammen zur Schule, mittags fuhren sie zusammen zurück. Fast jeden Nachmittag trafen sie sich, um die Hausaufgaben zu machen oder für Klassenarbeiten zu üben. Und danach zogen sie mit dem Rad los oder gingen schwimmen oder saßen in ihrem Versteck oder spielten mit Claires Meerschweinchen. Als sie aufs Gymnasium gekommen waren, hatten sie es leichter gehabt als die anderen, weil sie zu zweit waren. In der neuen Klasse hatten sie gleich wieder nebeneinander gesessen, in den Pausen spielten sie zusammen, und wenn es mal schwierig wurde mit den Lehrern oder mit anderen Kindern, halfen sie sich gegenseitig. Wie konnte das alles vorbei sein? Bei dem Gedanken kam Marie sich vor wie eine übrig gebliebene Hälfte, die allein ganz hilflos ist.

«Marie?», hörte sie Mam rufen.

«Ja?»

Sie sah, wie die Türklinke heruntergedrückt wurde.

«Warum hast du dich eingeschlossen?»

«Eingeschlossen, eingeschlossen», rief Julchen und fing an, gegen die Tür zu trommeln.

«Ich will allein sein.»

«Bitte mach auf.»

«Lass mich in Ruhe.»

«Du sollst sofort die Tür aufmachen!»

Seufzend stand Marie auf. Kaum hatte sie die Tür aufgeschlossen, als Julchen auf sie zustürzte und ihre Beine umklammerte.

«Arm, Arm.»

«Jetzt nicht.»

«Julchen, geh mal ein paar Minuten in deine Spielecke», sagte Mam und strich ihr über den Kopf. «Ich möchte in Ruhe mit Marie sprechen.»

Julchen krallte sich an Maries Beinen fest. «Nein! Nein! Nein!»

«Bitte.»

«Ich spiele auch nachher mit dir Zoo», versprach Marie. Ihre Stimme zitterte.

Julchen schaute erschrocken zu ihr herauf. «Marie geweint?»

«Ja ...»

«Warum?»

«Weil ich traurig bin.»

«Nicht traurig sein.»

Marie presste die Lippen zusammen. Julchen meinte es gut, aber warum begriff sie nicht, dass sie mit Mam allein sein wollte?

«Julchen», sagte Mam ernst. «Geh zu deinem Elefanten.»

Julchen zögerte noch einen Moment, dann verschwand sie schmollend in Richtung Spielecke.

Mam machte die Tür hinter ihr zu und legte den Arm um Marie. «Warum bist du traurig?»

«Claire zieht weg.»

«Nein!»

«Doch, zurück nach Dublin. Weil ihr Vater dort einen besseren Job gekriegt hat und ihre Mutter näher bei den Großeltern sein will.»

«Oh, Marie, das tut mir so leid.»

Marie begann wieder zu weinen. «Was ... was soll ich denn ohne sie machen? Sie ist meine beste Freundin ...»

«Ihr werdet euch schreiben.»

«Das ist nicht dasselbe.»

«Natürlich nicht.» Mam drückte sie an sich.

«Und telefonieren ist teuer.»

«Trotzdem darfst du sie ab und zu anrufen. Und vielleicht könnt ihr euch gegenseitig auch mal besuchen.»

«Irland ist so weit weg.»

«Und wennschon. Claire ist nicht aus der Welt.»

Aber Marie spürte, dass sie genau das sein würde: aus der Welt.

Der Abschied

What a pity we'll be losing you», sagte Frau Deubner, nachdem Claire ihr von dem Umzug nach Dublin erzählt hatte. «Our only native speaker.»

Marie biss die Zähne zusammen. Sie würde jetzt nicht losheulen, nicht hier vor allen anderen.

«Will you come back to visit us?», fragte Frau Deubner mit einem Seitenblick auf Marie.

«I hope so», antwortete Claire leise.

Marie merkte, dass auch sie kurz davor war, zu weinen.

«Well, I'm sure you and Marie will stay in touch, won't you?»

Sie nickten beide. Auch wenn es noch so schwierig sein würde, sie wollten einander nicht verlieren. Das hatten sie sich gegenseitig fest versprochen.

Marie war sogar schon von Claire eingeladen worden, sie in den Ferien im Mai in Dublin zu besuchen. Es gab einen Direktflug von Hamburg nach Dublin, der nicht viel kostete und in dem Kinder, die allein flogen, von Stewardessen betreut wurden. Mam hatte mit Pa gesprochen und mit Claires Mutter telefoniert, und dann hatte sie die Reise erlaubt. Marie war froh, dass es etwas gab, worauf sie sich freuen konnte, aber bis dahin waren es noch fast vier Monate. Und dann würde sie Claire auch nur eine Woche lang sehen, nie mehr jeden Tag, so wie jetzt.

«My parents talk about nothing but Dublin», stöhnte Claire in der Pause. «I can't stand it: ‹Claire, we bought a gorgeous house by the sea. You'll love it.›»

«Du wirst direkt am Meer wohnen?»

«Yes, but I don't care. ‹Claire, we've just filled in the application forms for your new school. It offers a wide range of subjects.›»

«Was ist mit der Schule? Das habe ich nicht verstanden.»

«Sie haben mich in einer Schule angemeldet, in der es ... viele Fächer gibt.»

«Ist das nicht deine alte Schule?»

«No, we'll be living in a different area, now that my Dad got this top job with the bank.»

«Vielleicht ist das Haus ja wirklich sehr schön ...», versuchte Marie sie zu trösten.

«I don't want to know ...»

23

Jetzt kamen Sarah und die kleine Nina dazu und kurz darauf auch Gregor und Tim. Sie sahen alle etwas traurig aus, fand Marie.

«Schade, dass du gehst», murmelte Sarah und schaute betreten auf ihre Füße.

«Finde ich auch», sagte Gregor. «Wer soll mir denn jetzt bei den Hausaufgaben helfen?»

«Obwohl ... soll ja 'n tolles Land sein, Irland», meinte Tim und fuhr sich durch seine Stoppelhaare.

«Ich würde lieber in Hamburg bleiben», antwortete Claire. «Here I've got friends.»

«Hast du in Dublin nicht noch Freunde von früher?», rief Nina, wie immer eine Spur zu laut, als ob sie Angst hätte, man würde sie nicht hören, weil sie so klein war.

«Ich bin zu lange weg ...»

«Wie lange denn?», wollte Gregor wissen.

«Two years in Hamburg, two years in Brussels ...»

«Wo ist das?», fragte Sarah.

Claire sah Marie Hilfe suchend an. «Brussels is in Belgium ...»

Marie überlegte. Eine Stadt in Belgien. «Ich glaube, das ist Brüssel ...»

Claire nickte. «Brüssel, yes. And before that a year

in New York. In der irischen Schule war ich nur ein Jahr ... from five to six.»

«Du bist schon mit fünf in die Schule gekommen?», fragte Gregor. «O nee!»

«They start school earlier in Ireland.»

«Muss Spaß machen, so durch die Welt zu ziehen», sagte Tim. «Mit meinen Eltern ist das nicht drin. Die würden nie aus Hamburg weggehen.»

«Kannst froh sein», seufzte Claire. «I'm fed up with moving from one place to another.»

«Was heißt das?», rief Nina.

«Sie hat vom Umziehen die Nase voll», übersetzte Marie.

«Was hältst du von einem gemeinsamen Abschiedsausflug?», fragte Mam abends, als die Zwillinge und Julchen im Bett waren. «Wir könnten am Sonntag mit Claire in den Duvenstedter Brook fahren.»

«Nein, nach Teufelsbrück, an die Elbe», rief Marie, «wo wir im letzten Sommer ein Lagerfeuer gemacht haben. Das war schön.»

«Für ein Lagerfeuer ist es leider jetzt im Januar zu kalt», sagte Pa. «Aber wir könnten einen Spaziergang am Elbstrand machen und anschließend im Witthüs Kakao trinken und Kuchen essen.»

«Ja, super. Ich rufe Claire sofort an.»

Claire war genauso begeistert wie Marie. Und so verabredeten sie, dass Claire am Sonntag um elf zu ihnen kommen würde.

Als Marie am Sonntagmorgen aufwachte, lief sie sofort zum Fenster und zog die Gardine auf. In der Nacht hatte es geregnet, aber jetzt schien die Sonne, und der Himmel war strahlend blau. Ideales Ausflugswetter.

Die Zeit bis um elf dauerte ewig, doch dann klingelte es endlich, und Claire stand vor der Tür, dick vermummt, weil es draußen kalt war.

«Claire, Claire», rief Julchen und streckte Claire ihre Arme entgegen.

Sie liebte Claire, und Claire liebte Julchen. Irgendwann hatte Claire zu Marie gesagt, sie wünschte, sie hätte eine Schwester wie Julchen. «Sie kann ja auch ein bisschen deine Schwester sein», hatte Marie geantwortet, und seitdem waren Claire und Julchen ganz besondere Freunde.

Zu siebt passten sie so gerade in Pas alten Renault Espace hinein. Marie saß natürlich neben Claire. Sie machte schnell ein Foto von ihr, wie sie lachte, weil die Zwillinge Grimassen schnitten.

«Losbrummen!», rief Julchen.

Und los ging's.

Die Fahrt bis nach Teufelsbrück dauerte gar nicht so lange, wie Marie sie in Erinnerung hatte. Und sie fanden auch beinahe sofort einen Parkplatz in der Nähe.

«Heute ist eben ein Glückstag», sagte Marie und gab Claire einen kleinen Knuff in die Seite.

Es waren viele Leute an der Elbe unterwegs, aber die meisten liefen auf dem Gehweg und nicht unten am Ufer, wo Marie es viel schöner fand. Da schwappte das Wasser in kleinen Wellen an den Strand, man konnte schöne Steine finden und ab und zu auch mal eine Muschel.

Claire hockte sich hin und ließ den Sand durch ihre Finger rieseln. «This is great.»

«Ich werde dich vermissen», sagte Marie leise.

«I'll miss you, too.»

«Versprichst du, dass du wiederkommst?»

«Yes, I do. And then we'll go to the Elbe again.»

«Schiff! Schiff!», rief Julchen in dem Moment.

Sie saß oben auf Pas Schultern und zeigte aufgeregt auf ein riesiges rotbraunes Schiff, das langsam näher kam. Selbst die Zwillinge staunten mit offenem Mund.

«Ein Containerschiff», sagte Pa.

«Mit gelb-blau-rot gestreifter Flagge», rief Marie. «Was ist das für ein Land?»

Claire überlegte. «I think it's Ecuador.»

Mam nickte. «Sehr gut.»

«Wo ist das?», fragte Nele.

«In Südamerika.»

«Und was ist drin in dem Schiff?», fragte Isabelle.

«Vielleicht Bananen», antwortete Pa. «In Ecuador wachsen viele Bananen.»

«Hmmm, Hunger!», rief Julchen.

«Dann wollen wir mal sehen, dass wir zum Witthüs kommen», sagte Mam.

«Ich weiß schon, was ich esse!», rief Marie.

«Tell me.»

«Qualle auf Sand!»

«Iiihhh!», riefen die Zwillinge.

«What's that?», fragte Claire.

«Lass dich überraschen.»

Eine halbe Stunde später stand eine Schüssel mit köstlichen Nusskuchenstückchen, Äpfeln, Apfelsinen, Weintrauben, Kiwis und Schlagsahne vor ihr, und nun wollten natürlich alle probieren. Da bestellte Pa gleich nochmal Qualle auf Sand.

«Was heißt das auf Englisch?», fragte Nele mit vollem Mund.

«Eine Qualle ist ein jellyfish», antwortete Ma.

«Oh, jellyfish on sand», rief Claire und schüttelte sich. «But it's delicious.»

«Jellyfish, jellyfish», rief Julchen und musste so lachen, dass sie Schluckauf bekam.

Als Marie abends ins Bett fiel, war sie so müde, dass sie kaum noch die Augen aufhalten konnte. Das Letzte, was sie vor sich sah, bevor sie einschlief, war Claire mit Julchen auf dem Arm. Beide strahlten, und Julchen rief immer wieder: «Jellyfish, jellyfish.» Ihr erstes englisches Wort.

Eine Woche später saß Marie auf ihrem Bett und überlegte, was sie Claire zum Abschied schenken wollte. Viel Zeit blieb ihr nicht mehr. Bis zum dreizehnten Februar waren es nur noch vier Tage.

Plötzlich hatte sie eine Idee. Sie sprang auf und zog den Schuhkarton unter ihrem Bett hervor, in dem sie ihre Fotos aufbewahrte, auch die neuesten von ihrem Ausflug an die Elbe. Seit sie zu ihrem elften Geburtstag Mams alte Kamera geschenkt bekommen hatte, hatte sie bestimmt schon sechs Filme verknipst. Aber sie hatte es immer noch nicht geschafft, die Fotos einzukleben. Das würde sie nun nachholen. Ein Album für Claire und eins für sie. Damit sie niemals vergessen würden, wie sie ausgesehen hatten, als sie sich trennen mussten.

«Was machst du da?», fragte Isabelle, als sie am nächsten Abend im Wohnzimmer die beiden Fotoalben auspackte, die sie nachmittags von ihrem Taschengeld gekauft hatte.

«Das wird mein Abschiedsgeschenk für Claire, ein Buch voller Fotos.»

«Aber es sind ja zwei», sagte Nele und ließ ihre Finger über den roten und den blauen Stoffeinband der beiden Alben gleiten.

«Claire bekommt das rote Album, und ich behalte das blaue.»

«Warum schenkst du ihr was zum Abschied?», fragte Isabelle.

Marie schluckte. «Weil ... weil ich sie gern habe und traurig bin, dass sie wegzieht.»

«Du wirst bestimmt eine neue Freundin finden», sagte Nele und hakte sich bei Isabelle unter.

«Ich will aber keine neue Freundin!», rief Marie. «Ich will meine Claire.»

Sie fand es auf einmal unerträglich, Isabelle und Nele so untergehakt dastehen zu sehen. Die beiden wussten gar nicht, wie es war, sich von jemandem trennen zu müssen. Sie hingen wie Kletten aneinander und würden wahrscheinlich ihr Leben lang zusammenbleiben.

«Nele hat Recht», sagte Pa, der bisher still im Sessel gesessen und seine Zeitung gelesen hatte. «Du bist noch so jung. Natürlich wirst du eine neue Freundin finden. Wart's mal ab.»

«Hört endlich auf mit eurer neuen Freundin!», schrie Marie und schnappte sich die beiden Alben und den Karton mit den Fotos. «Habt ihr denn gar nichts kapiert?»

Dann rannte sie in ihr Zimmer und schlug die Tür hinter sich zu.

Kurz darauf klopfte Mam an und rief ihren Namen. Marie antwortete nicht, und sie sagte auch nichts, als Mam hereinkam und sich zu ihr aufs Bett setzte. Sie strich ihr über die Haare und versuchte, sie zu trösten. Doch heute konnte niemand sie trösten. Nicht mal Mam.

Und dann war er da, Claires letzter Tag in Hamburg. Morgen früh würde sie auf und davon sein. Marie wünschte, sie könnte die Zeit anhalten und so tun, als sei dies ein ganz normaler Donnerstagnachmittag.

Doch als sie Claires Wohnung betrat und sah, dass die Möbelpacker schon fast alles eingepackt hatten, wusste sie, jetzt blieb ihr nichts anderes übrig, als von Claire Abschied zu nehmen.

Claires Mutter mixte ihnen eine Apfelschorle und reichte jedem von ihnen ein Quarkhörnchen.

«You like these, don't you?»

Marie nickte. Sie hatte einen Kloß im Hals.

«Let's go to my room», sagte Claire.

In Claires Zimmer stand nur noch der Käfig mit dem Meerschweinchen. Sie setzten sich auf den Holzfußboden und fingen schweigend an, ihre Quarkhörnchen zu essen. Der Zucker knirschte zwischen ihren Zähnen.

«Was passiert mit Billy?», fragte Marie schließlich. Ihre Stimme hallte in dem leeren Zimmer.

«The old woman from downstairs is going to take him. I'd much rather have given him to you, but then you said that the twins had this allergy ...»

Claires Augen füllten sich mit Tränen. Marie rutschte ein Stück näher an sie heran und legte den Arm um sie. Die Zwillinge hatten eine Tierhaarallergie, deshalb konnte Marie Billy nicht zu sich nehmen. Und wenn er mit Claire nach Irland ziehen würde, müsste er dort sechs Monate in ein Tierheim in Quarantäne, um zu verhindern, dass er eine Krankheit ins Land einschleppte. Das wollte Claire nicht. Wer weiß, wie er in so einem Heim behandelt würde.

«Die alte Frau wird ihn sicher gut versorgen», sagte Marie und trank ihre Apfelschorle aus.

«I hope so.»

«Ich habe dir zum Abschied was mitgebracht.» Marie holte das Fotoalbum, das sie vorhin schnell noch in Geschenkpapier eingewickelt hatte, aus ihrem Rucksack.

«I've also got something for you.» Claire sprang auf und lief aus dem Zimmer. Als sie wiederkam, reichte sie Marie ein kleines quadratisches Päckchen mit einer goldenen Schleife.

«Danke», sagte Marie und bekam vor Aufregung rote Ohren.

«Oh, this is great!», rief Claire, als sie das Fotoalbum öffnete. «Lots of pictures of the two of us. And there's even one of Billy! And that's me in the car when we went to the Elbe. Thank you so much!» Claire umarmte sie. «And now you have to open yours.»

In dem Kästchen, das Marie auspackte, lag ein silbernes Armband. Sie traute kaum ihren Augen.

«Oh, ist das schön! Vielen Dank!»

«I've got one, too. Look here!» Claire zog ein Armband aus ihrer Hosentasche, das genau so aussah wie das in dem Kästchen.

«In meinem steht *Claire*.»

«And in mine it says *Marie*.»

Sie banden sich gegenseitig ihre Armbänder um, und plötzlich hatte Marie keinen Kloß mehr im Hals.

«Auf dass wir immer Freundinnen bleiben.»

«Yes, that we'll always be friends.»

Exchanging E-Mails

Liebe Claire,

wie geht es dir? Mir geht es schlecht. Ich habe eine Fünf in Mathe geschrieben. Und eine Vier in Englisch. Meinen Eltern habe ich noch nichts davon gesagt. Seit du nicht mehr da bist, habe ich überhaupt keine Lust mehr, für Englisch zu üben. Gestern gab's im Badezimmer eine Überschwemmung, weil die Zwillinge den Wasserhahn nicht zugedreht hatten. Und Julchen hat Windpocken. Mutter glaubt, dass die Zwillinge sich bestimmt bei ihr anstecken werden. Hoffentlich nicht, dann gibt's bei uns noch mehr Chaos. Ich hatte schon Windpocken, kann mich aber nicht daran erinnern.

Schreib mir bald. Ich vermisse dich so.

Deine Marie

«Du musst ins Bett», sagte Pa und griff nach seiner Zeitung. «Es ist schon Viertel vor neun.»

«Ich will noch die Mail an Claire abschicken.»

«Du hast ihr doch gestern erst geschrieben.»

«Wir schreiben uns jeden Tag», sagte Marie und gab ihr Passwort ein. Ein Druck auf die Taste, und weg war die Mail.

Wenn sie Glück hatte, würde Claire sie noch heute Abend lesen und ihr eine Antwort schicken. In Irland war es ja erst Viertel vor acht.

«Nacht!», rief sie Pa zu und lief in ihr Zimmer. Sie verstand nicht, warum er immer noch nicht begriffen hatte, wie sehr sie Claire vermisste.

Kaum lag sie im Bett, als Mam kam, um ihr gute Nacht zu sagen.

«Träum was Schönes.»

«Ich bin schon froh, wenn ich nichts Schlimmes träume.»

«Arme Marie», sagte Mam und nahm sie in die Arme. «Ich hab dich lieb.»

«Ich dich auch.»

«Gräm dich nicht mehr so.»

«Das sagst du so einfach.»

«Nein, ich weiß, dass es nicht einfach ist. Aber dein Leben muss auch ohne Claire weitergehen.»

37

Marie rollte sich in ihre Decke ein und drehte sich zur Wand. Warum fing Mam jetzt auch noch an so zu reden wie ihr Vater?

«Marie …»

Doch sie antwortete ihr nicht, und nach einer Weile stand Mam schweigend auf und verließ leise das Zimmer.

Als Marie am nächsten Morgen aufwachte, dachte sie als Erstes an Claire. Ob sie ihr geschrieben hatte? Noch im Nachthemd, lief sie ins Wohnzimmer zum Computer und schaltete ihn ein. E-Mails konnte sie inzwischen fast im Schlaf abrufen.

Ja, da war eine neue Mail von Claire:

```
Dear Marie,
Thanks for your mail. I'm sorry about the
bad marks you got. Hopefully Julchen will
be better soon.
It's late, but I just have to tell you
how awful I feel. I hate the school
uniform (a grey pleated skirt, a white
blouse, a navy blue blazer and a tie!
Just imagine!) and I hate the fact that
the school is so far away. My Mum has to
```

take me there by car in the morning and
we always get stuck in traffic. School
isn't over until three! By the time I'm
home it's half past three and then I have
to do homework. This is no life!
Have you been back to our favourite spot?
I miss you terribly! Lots of love and
a big hug
Claire

Marie schluckte. Claire hatte schon in ihren ersten
Mails traurig geklungen, aber noch nie so verzweifelt wie in dieser.

Einige Wörter verstand sie nicht, zum Beispiel
pleated. Sie schlug das Wörterbuch auf und fing an
zu blättern: *pleat* war eine Falte. O nein, ein Falten-
rock. Wie grässlich. Und was war ein *tie*? Marie blätterte wieder. Eine Krawatte. Warum mussten Mädchen in irischen Schulen Krawatten tragen?

«Marie, beeil dich», rief Mam aus der Küche.
«Zehn nach sieben.»

«Ich will eben noch 'n paar Wörter nachschlagen.»

«Jetzt nicht. Du sollst dich anziehen und frühstü-
cken. In zwanzig Minuten musst du los.»

«Ich hab keinen Hunger.»

Was bedeutete *stuck*? Marie blätterte so schnell sie konnte. *To get stuck* hieß festfahren. Im Verkehr festfahren? Nein ... stecken bleiben. Stimmt, Claire hatte neulich geschrieben, dass es in Dublin wahnsinnig viel Verkehr gab.

«Marie!!!» Mams Stimme klang jetzt fast böse.

«Ich komme!»

Sie schaltete den Computer aus und lief in die Küche.

«Du kommst zu spät! Du kommst zu spät!», riefen die Zwillinge, die vor ihren Müsli-Schälchen saßen und grinsten.

«Ist mir doch egal», antwortete Marie und griff nach einem Stück Brot.

«Zu spät! Zu spät!», kreischte Julchen, deren Gesicht noch immer voller roter Flecken war.

«Kinder, nun hört mal auf», seufzte Mam und reichte Marie ein Glas Milch.

Marie biss ein paar Mal von ihrem Brot ab und trank ihre Milch aus. Dann ging sie in ihr Zimmer, um sich anzuziehen. Seitdem Claire nicht mehr da war, kam sie fast jeden zweiten Tag zu spät. Früher hatte sie sich morgens immer beeilt, weil Claire sie abholte und sie sich schon darauf freute, ihr was zu erzählen. Jetzt freute sie sich auf gar nichts mehr.

«Tschüs, meine Große», sagte Mam und gab ihr einen Kuss.

Sie sah müde aus, fand Marie. «Hast du schlecht geschlafen?»

Mam nickte.

«Ich passe heute Nachmittag auf Julchen und die Zwillinge auf. Dann kannst du dich ausruhen.»

Mam lächelte. «Danke, es wird schon gehen.»

Aber Marie war sich nicht so sicher.

In der Klasse saß sie jetzt allein. Frau Deubner hatte sie ein paar Tage nach Claires Umzug gefragt, neben wem sie sitzen wolle. Ihr war niemand eingefallen. Sarah saß neben Nina, Gregor neben Tim, und auch alle anderen hatten seit Anfang der fünften Klasse einen festen Sitznachbarn. Nur Max, der immer so viel angab, war nochmal umgesetzt worden. Jetzt saß er neben der schüchternen Wiebke. Die beiden mochten sich zwar nicht, aber Frau Deubner hatte es so angeordnet, weil sie meinte, sie könnten gegenseitig einen guten Einfluss aufeinander haben. Nein, dachte Marie, sie würde bleiben, wo sie war, auch wenn der leere Platz neben ihr sie immer an Claire erinnerte. Aber fast alles erinnerte sie an Claire.

«Marie?»

Sie zuckte zusammen. Vor ihr stand Frau Deubner und sah sie kopfschüttelnd an.

«You haven't even opened your book. What's the matter with you?»

«I ... I don't know ...»

Natürlich wusste sie, was mit ihr los war, und Frau Deubner wusste es auch. Sie hatte doch gesehen, wie sie geweint hatte, als Claire sich an ihrem letzten Tag von der Klasse verabschiedet hatte.

«You are late in the mornings, you don't pay attention in class, you often forget your homework ... and not just in English, I hear.»

«I'm sorry ...»

«If you go on like this I'll have to talk to your parents.»

Bloß nicht, dachte Marie. Mam hatte schon genug zu tun, außerdem ging's ihr nicht gut. Und Pa war von morgens bis abends für die Firma unterwegs, bei der er als Elektriker arbeitete. Er hätte niemals Zeit, zu Frau Deubner in die Schule zu kommen.

«Have I made myself clear?»

«Yes ...»

«It's a real pity, you know. You started off so well last August.»

Ja, da war ja auch noch alles in Ordnung.

«Now, will you please read on page 52, line 3.»

Marie öffnete ihr Englischbuch und fing stockend an zu lesen. Schon nach ein paar Zeilen unterbrach Frau Deubner sie, sagte, dass sie erst mal vernünftig zu Hause üben solle, und nahm Wiebke dran.

In der Pause kamen Sarah und Nina auf Marie zu und fragten, ob sie Lust hätte, nachmittags mit ihnen Rad zu fahren.

«Ich muss nachher auf meine kleinen Schwestern aufpassen», murmelte Marie.

«Schade», antwortete Sarah.

Und Nina rief: «Du siehst so traurig aus. Wir wollten dich etwas aufmuntern.»

Marie nickte. Sagen konnte sie nichts, weil ihre Kehle wie zugeschnürt war. Es verging kein Tag, an dem sie nicht mindestens einmal weinen musste.

Nachmittags konnte sie es kaum erwarten, sich an den Computer zu setzen und Claire zu schreiben:

Liebe Claire,
vielen Dank für deine Mail. Es tut mir
leid, dass du diese grässliche Schuluni-
form tragen musst. Und dass die Schule
bis um drei geht. Hoffentlich hast du

wenigstens bessere Lehrer als Frau Deubner. Sie hat mich heute vor der ganzen
Klasse zur Rede gestellt. Weil ich über-
all schlechter geworden bin. Wenn es so
weitergeht, will sie mit meinen Eltern
sprechen. Das hat mir gerade noch gefehlt!
Heute Nachmittag passe ich auf Julchen
und die Zwillinge auf. Meine Mutter hat
sich hingelegt, weil's ihr nicht so gut
geht. Julchen hat Fieber und ist zum
Glück gerade eingeschlafen. Die Zwillinge
sitzen in der Küche und malen mit Wasser-
farben. Eigentlich müsste ich Hausaufgaben machen, aber ich habe keine Lust.
Ich war noch nicht wieder an unserem
Lieblingsplatz. Was soll ich da allein?
Außerdem ist das Wetter scheußlich, kalt
und nass. Wenn es wenigstens schon Früh-
ling wäre.
Viele liebe Grüße und bis bald
deine Marie

Zwei Stunden später kam Claires Antwort:

45

Dear Marie,

The weather is bad here, too. We had a storm last night and I heard the waves dashing against the rocks while I was trying to fall asleep. In moments like that I'm scared of the sea.

Sorry about your Mum. I hope she'll be all right soon.

I can't imagine ever finding a favourite spot here in Dublin. It's all so strange. I have to go now because I have to do my homework. It's too bad we can't do it together any more.

Lots of love

Claire

PS: I wish it were May already and you were here!

Marie schrieb ihr gleich wieder zurück:

Liebe Claire,

ich kann die Mai-Ferien auch kaum erwarten. Aber bis dahin sind es noch über zwei Monate!

Dein Armband trage ich Tag und Nacht. Du

deins auch? Manchmal streiche ich mit dem
Finger darüber und stelle mir vor, dass
du im selben Augenblick an mich denkst.
Viele liebe Grüße
deine Marie

Und was machen wir jetzt?

Marie lag im Bett und versuchte einzuschlafen. Immer wieder drehte sie sich von einer Seite auf die andere, aber es half alles nichts. Sie war hellwach. Seit einer Woche hatte sie keine Mail von Claire bekommen. Ob sie krank war? Oder war es ihr nicht mehr so wichtig, ihr zu schreiben? Vielleicht fand sie es in Dublin längst nicht mehr so schrecklich wie am Anfang. Bei dem Gedanken spürte Marie einen Stich. Wie lange war es her, dass Claire weggezogen war? Sie zählte nach. Fünfeinhalb Wochen. Es kam ihr vor wie fünfeinhalb Monate. Ob sie morgen mal bei ihr anrufen sollte? Bisher hatten sie zweimal miteinander telefoniert, einmal hatte sie angerufen und einmal Claire. Aber am Telefon zu reden war nicht so einfach. Marie hatte hinterher immer das Gefühl, das Wichtigste vergessen zu haben.

Wieder schaute sie auf ihren Wecker. Viertel vor zwölf. Morgen früh würde sie in der Schule todmüde sein und nicht aufpassen können. Sie sah schon das strenge Gesicht von Frau Deubner vor sich, die sagen würde: Marie, this can't go on!

Sollte sie in die Küche gehen und sich ein Glas Wasser holen? Ja.

Sie stand auf und öffnete leise die Tür. Da hörte sie aus dem Wohnzimmer Mams Stimme. Sie klang ärgerlich.

«Wie oft soll ich dir noch sagen, dass du die Sache viel zu leicht nimmst? Maries Traurigkeit über den Verlust ihrer Freundin wird nicht einfach verschwinden.»

«Aber sie muss endlich lernen, dass es im Leben nicht immer so läuft, wie man sich das wünscht!», rief Pa aufgebracht. «Außerdem gibt es Schlimmeres als den Umzug einer Freundin. Stell dir vor, Marie wäre krank oder hätte einen Unfall.»

«Begreif doch, dass es nicht darum geht, was wir als schlimm empfinden. Für Marie ist es eine Tragödie, dass Claire weggezogen ist. Ich kenne unsere Tochter, sie wird sich nicht so schnell einem anderen Kind anvertrauen können. Claire und Marie haben alles miteinander geteilt.»

«Manchmal kann es auch hilfreich sein, wenn einem gesagt wird, dass man sich zusammenreißen soll.»

«Nein, damit würdest du sie nur vor den Kopf stoßen.»

«Deine sanfte Tour bringt sie auch nicht weiter.»

«Marie ist eine treue Freundin. Wo kämen wir hin im Leben ohne treue Freunde?»

Marie hörte, wie ein Stuhl gerückt wurde. Schnell huschte sie in die Küche, schenkte sich ein Glas Wasser ein und lief in ihr Zimmer zurück.

Gut, dass wenigstens Mam mich versteht, dachte sie, als sie ihr Wasser austrank. Sie ging in ihr Bett zurück, rollte sich in ihre Decke ein und war nun plötzlich doch so müde, dass sie einschlafen konnte.

Am nächsten Morgen wurde sie dadurch geweckt, dass jemand sie heftig am Arm rüttelte.

«Aufstehen! Mam geht's nicht gut.»

«Was?» Marie öffnete die Augen und sah die Zwillinge vor sich stehen.

«Pa ruft gerade den Krankenwagen», sagte Nele.

Marie sprang aus dem Bett und lief in den Flur.

«Nicht ins Schlafzimmer gehen, hat Pa gesagt», rief Isabelle hinter ihr her.

Aber da war sie schon drin. Mam lag im Bett. Sie war bleich, und auf ihrer Stirn standen Schweißtropfen. Als sie Marie sah, versuchte sie zu lächeln.

«Mach dir keine Sorgen. Es geht mir sicher bald wieder besser.»

«Was hast du denn?»

«Ich weiß es nicht ...»

«Ist was mit dem Baby?»

Mam strich sich vorsichtig über den Bauch. «Hoffentlich nicht.»

Ob es an dem Streit lag, den Mam und Pa in der Nacht gehabt hatten?

«Wahrscheinlich muss ich mich noch mehr ausruhen», sagte Mam und griff nach Maries Hand.

«Und du sollst dich bestimmt auch nicht streiten.»

Mam schaute sie erstaunt an. «Hast du uns heute Nacht gehört?»

Marie nickte.

«Keine Angst. Das ist nicht der Grund, warum es mir schlecht geht.»

«Wirklich nicht?»

«Nein. Ich glaube, es war gut, dass ich deinem Vater etwas die Augen geöffnet habe. Er hat selbst nie eine so enge Freundschaft erlebt, wie du sie mit Claire hast. Deshalb konnte er nicht verstehen, warum du so unter der Trennung leidest.»

In dem Moment ging die Tür auf, und Pa kam herein. Er sah so besorgt aus, dass Marie erschrak.

«Der Krankenwagen ist unterwegs.»

«Danke.»

«Ich habe mir heute Urlaub genommen, damit ich mit dir in die Klinik fahren kann», sagte Pa. «Aber was machen wir mit den Kindern?»

«Marie geht ganz normal in die Schule», antwortete Mam. «Und Frau Hansen aus dem ersten Stock kann vielleicht auf Julchen und die Zwillinge aufpassen, bis du wieder da bist. Am besten gehst du gleich mal runter und fragst sie.»

«Müssen die Zwillinge denn nicht in die Schule?», wunderte sich Marie.

Mam schüttelte den Kopf. «Wer sollte sie heute hinbringen und abholen? Dies ist ein Notfall, das werden die Lehrer schon verstehen.»

«Julchen wird traurig sein, wenn sie nicht in den Kindergarten gehen darf.»

«Das ist nicht zu ändern», sagte Mam leise und schloss die Augen.

In der ersten Stunde hatten sie Englisch. Marie konnte an nichts anderes denken als an ihre Mam, die auf dem Weg ins Krankenhaus war. Ob sie das Baby verlieren würde? Marie wusste, dass so was möglich war, wenn mit der Schwangerschaft irgendwas nicht stimmte. Ihr fiel plötzlich der Tag wieder ein, an dem Mam ihr von dem neuen Baby erzählt hatte und sie sofort an die Wohnung gedacht hatte, die für sieben zu klein war. Jetzt, da das Baby in Gefahr war, wünschte sie sich nichts sehnlicher, als dass es gesund war und weiter in Mams Bauch wachsen würde.

«Marie, are you listening?»

Marie schreckte hoch.

Vor ihr stand Frau Deubner und sah sie ärgerlich an. «I've been talking to you.»

«I'm sorry ...»

«Why are you not paying attention?»

«Because ...» Marie konnte nicht weitersprechen, weil sie auf einmal anfangen musste zu weinen.

«Would you like to come and talk to me after the lesson?»

Marie nickte. Die Stimme von Frau Deubner klang schon nicht mehr so streng.

Nach der Stunde wartete Marie, bis alle die Klasse verlassen hatten, dann ging sie nach vorn zum Pult.

«Na, Marie», sagte Frau Deubner und lächelte sie an. «Was ist passiert?»

Marie war erleichtert, dass sie jetzt nicht englisch sprechen musste. Es fiel ihr auch so schon schwer genug, Frau Deubner von Mam und dem Baby zu erzählen.

«Du hast dich bestimmt sehr erschrocken», sagte sie, als Marie fertig war. «Aber ich bin sicher, dass alles gut wird. Wer kümmert sich denn jetzt um euch?»

Marie zuckte mit den Achseln. «Mein Vater hat sich heute Urlaub genommen, aber ich weiß nicht, was wir machen, wenn meine Mutter länger im Krankenhaus bleiben muss.»

«Dann könnt ihr beantragen, dass ihr Hilfe bekommt.»

«Was für eine Hilfe?»

«Jemand, der sich um euch kümmert und den Haushalt macht.»

«Oh ...» Marie konnte sich nicht vorstellen, dass Julchen und die Zwillinge auf jemand anderen als Mam oder Pa hören würden.

«Im Augenblick hast du es aber auch wirklich nicht leicht», sagte Frau Deubner und sah sie nachdenklich an.

Marie schluckte.

«Du weißt, dass ich mir schon länger Gedanken über dich mache.»

«Ja ...»

«Seitdem Claire weggezogen ist, bist du völlig verändert.»

Marie stiegen wieder die Tränen in die Augen. «Ich vermisse sie so ...»

«Schreibt ihr euch?»

«Ja ... am Anfang jeden Tag, aber jetzt ... nicht mehr so oft ...»

«Ich hätte nicht gedacht, dass dir die Trennung so viel ausmachen würde. Und es tut mir leid, wenn ich manchmal etwas zu streng mit dir war.»

Marie traute ihren Ohren nicht. Frau Deubner entschuldigte sich bei ihr?

«Es würde dir sicher helfen, wenn du in der Klasse nicht mehr allein sitzen würdest.»

«Glaub ich nicht ...»

«Verabredest du dich wenigstens nachmittags ab und zu mal?»

«Nein ...»

Frau Deubner runzelte die Stirn. «Hast du Angst, dass du Claire dann untreu wärst?»

«Ich möchte einfach keine andere Freundin.»

«Aber es geht doch beides: Claire bleibt deine beste Freundin, und du findest zusätzlich neue Freunde.»

Marie schüttelte den Kopf.

«Denk mal darüber nach. So, wie ich Claire kenne, wäre sie dir nicht böse.»

Frau Deubner meinte es gut, aber sie blieb lieber allein.

In dem Moment klingelte es zur nächsten Stunde.

«Ich muss jetzt leider los», sagte Frau Deubner und stand auf. «Gute Besserung für deine Mutter. Und erzähl mir in den nächsten Tagen, wie es bei euch zu Hause weitergeht.»

«Ja ...»

Beim Weggehen strich sie ihr kurz über die Haare, und Marie dachte, dass Frau Deubner viel netter war, als sie bisher gedacht hatte.

Als Marie mittags nach Hause kam, tobten Julchen und die Zwillinge im Wohnzimmer. Pa stand in der Küche und kochte Spaghetti.

«Wie geht's Mam?», fragte Marie.

«Sie muss ganz still liegen ...»

«Und was ist mit dem Baby?»

Pa drehte sich zu ihr um, und Marie sah die Angst in seinen Augen.

«Es wird sicher alles gut gehen», sagte er leise. «Mam braucht nur viel, viel Ruhe.»

«Darf sie gar nicht aufstehen?»

«Nein … Und deshalb muss sie auch im Krankenhaus bleiben.»

«Wie lange?»

«Das wissen wir noch nicht. Leider bekomme ich
nicht mehr als eine Woche Urlaub …»

«Und was machen wir dann?»

«Wir müssen eine Haushaltshilfe beantragen.»

Marie dachte an Frau Deubner, die auch von einer
Hilfe gesprochen hatte, und ihr war plötzlich mulmig zumute.

«Wird die richtig hier bei uns wohnen?»

«Nein, sie wird jeden Nachmittag für ein paar
Stunden kommen und einkaufen, kochen, putzen,
waschen, bügeln und auf euch aufpassen, bis ich
abends wieder da bin.»

«Wie soll sie das denn alles in ein paar Stunden
schaffen?»

Pa seufzte. «Ihr müsst alle etwas helfen. Ich ver-
traue darauf, dass du als Älteste den anderen mit gu-
tem Beispiel vorangehst.»

Marie schaute auf ihre Füße und wünschte, sie
wäre mal nicht die Älteste.

«Versprichst du mir das?»

«Hm … Wann besuchen wir Mam?»

«Wahrscheinlich morgen Nachmittag.»

«Und warum nicht heute?»

«Sie braucht absolute Ruhe ...»

Pa nahm sie in die Arme und drückte sie. Und Marie spürte wieder seine Angst.

Abends, als die anderen im Bett waren, fragte sie, ob sie Claire anrufen dürfe.

Pa nickte. «Aber nicht stundenlang telefonieren.»

Marie wählte Claires Nummer und wartete. Ihr Herz klopfte. Hoffentlich war sie zu Hause.

«Hello?»

«Ich bin's, Marie.»

«Oh, hi! Good to hear you.»

«Wie geht's?»

«Great. Do you know what? We now have a dog!»

«Wirklich? Oh, hast du's gut!»

«It's a golden retriever. We got him about a week ago. I came home from school and there he was! He's called Jamie and he is only six weeks old. I wish you could see him. He is so funny.»

Marie schluckte. Ein Hund war seit Jahren ihr größter Wunsch.

«His basket is in my room, because he didn't want to be in the kitchen all on his own at night. So we keep each other company.»

«Das ist bestimmt schön ...»

«I'm sorry I didn't send you any e-mails in the last few days, but I've been so busy walking with Jamie on the beach and yesterday he peed on the carpet in the living-room.» Claire fing an zu kichern. «Can you imagine? My father was furious, but I know he loves him, too. And how are you?»

«Geht so ...»

«Has Frau Deubner been mean to you again?»

«Nein ...»

«Sorry, Marie, but I have to go now. Jamie has just picked up my shoe and is beginning to chew on it.»

«Okay ... tschüs dann ... bis bald ...»

«Bye ... I'll send you an e-mail ...»

Langsam legte Marie den Hörer auf. Alles in ihr fühlte sich leer und traurig an.

«Ein bisschen länger hättest du aber schon sprechen dürfen», sagte Pa.

«Keine Lust», murmelte Marie und lief in ihr Zimmer.

Sie warf sich auf ihr Bett und starrte an die Decke. Mal sehen, wann sie kommen würde, die E-Mail von Claire.

Später beim Zähneputzen sah sie das silberne Armband im Spiegel glitzern. Es fühlte sich auf ein-

mal sehr kalt an. Nach kurzem Zögern machte sie es ab und legte es zu ihren Haarspangen in den Schrank.

Als Pa kam, um ihr gute Nacht zu sagen, bemerkte er das fehlende Armband nicht. Es hätte sie auch gewundert, wenn ihm das aufgefallen wäre. Er hatte mit so was nichts im Sinn.

Sie drehte sich zur Wand und machte die Augen zu. Aber anstatt müde zu werden, wurde sie immer wacher und immer wütender. Sollte Claire doch von morgens bis abends mit ihrem Hund spielen. Blöder Jamie. Sie würde sich jedenfalls erst mal nicht mehr melden.

Angelina

Am nächsten Tag fuhren sie alle zum Krankenhaus, um Mam zu besuchen. Marie war erleichtert, dass sie nicht mehr so blass aussah wie gestern.

«Ihr müsst euch keine Sorgen um mich machen», sagte Mam und lächelte. «Ich fühle mich schon viel besser.»

«Aber musst du denn immer im Bett liegen?», fragte Nele.

«Ja.»

«Bis das Baby kommt?», fragte Isabelle.

«Wir müssen es abwarten. Vielleicht kann ich auch vorher wieder aufstehen.»

«Baby, Baby», rief Julchen.

Mam nahm sie in die Arme und gab ihr einen Kuss. «Freust du dich auf das Baby?»

Julchen strahlte. «Ja … Baby …»

Nach einer Weile ging Pa mit den Zwillingen und Julchen auf den Flur, damit Marie noch einen Moment allein mit ihrer Mutter reden konnte.

62

«Vater hat mir erzählt, dass du gestern mit Claire telefoniert hast», sagte Mam. «Wie geht's ihr denn?»

«Gut ... Sie hat jetzt einen Hund ...»

«Oh, wie schön. Dann ist sie wenigstens nicht mehr so allein.»

«Wir haben nur über diesen Hund geredet ... und dann musste sie auch schon wieder auflegen, weil er angefangen hatte, auf ihrem Schuh herumzukauen ...»

Mam griff nach Maries Hand und streichelte sie. «Nicht traurig sein. Claire hat es all die Wochen so schwer gehabt.»

«Ich hätte auch gern einen Hund.»

Mam seufzte. «Du weißt, dass wir keine Tiere halten dürfen, weil die Zwillinge diese Allergie haben. Außerdem fehlt uns der Platz.»

«Ja ... leider ...»

«Schreib Claire doch, dass du dich schon darauf freust, im Mai mit ihrem Hund zu spielen.»

«Erst mal ist sie dran mit Schreiben.»

«Das tut sie bestimmt bald.»

Aber es kam keine Mail von Claire. Ab und zu betrachtete Marie das Armband, das zwischen ihren Haarspangen lag, und dachte an das Versprechen, das Claire und sie sich beim Abschied gegeben hatten. Auf dass wir immer Freundinnen bleiben. Knapp sechs Wochen hatte dieses *immer* gehalten. Wie hatte sie sich nur so in Claire täuschen können! Niemals würde sie Claire in den Mai-Ferien in Dublin besuchen, auch wenn Pa schon den Flug gebucht hatte. Vielleicht konnte man das Ticket zurückgeben. Und wenn nicht, dann war es nicht zu ändern.

«Von der nächsten Woche an wird einiges anders», sagte Pa am Sonnabendmorgen beim Frühstück. «Ich muss wieder arbeiten, und wir bekommen eine Haushaltshilfe. Sie heißt Angelina und kommt aus Portugal.»

«Angelina, Angelina», rief Julchen.

«Kann sie Deutsch?», fragte Marie.

«Ja.»

«Wie alt ist sie?», fragte Isabelle.

«Ich schätze um die fünfzig.»

«So alt?», rief Nele.

Vater schmunzelte. «Ich bin auch schon fünfundvierzig.»

«Ja, aber nicht fünfzig.»

«Angelina wird nachher vorbeikommen, weil sie euch kennen lernen möchte.»

«Angelina, Angelina», rief Julchen wieder und trommelte mit beiden Fäusten auf dem Tisch herum.

«Und noch etwas», sagte Vater. «Angelina kann jeden Tag nur ein paar Stunden für uns arbeiten. Deshalb haben Mam und ich beschlossen, dass Isabelle und Nele jetzt mittags immer in der Schule essen ...»

«O nein!», riefen die Zwillinge.

«Und anschließend werdet ihr bis halb vier in der Betreuungsgruppe spielen.»

«Will ich aber nicht», sagte Isabelle.

«Ich auch nicht», murmelte Nele.

«Julchen wird im Kindergarten essen, und Angelina wird sie nachmittags dort abholen.»

«Nein, nein, nein!», rief Julchen.

«Doch, mein Julchen», sagte Pa und nahm sie auf den Schoß.

«Holt Angelina uns etwa auch ab?», fragte Isabelle.

«Ja. Ich bringe euch morgens alle hin, aber abholen kann ich euch nicht, weil ich bis fünf Uhr arbeiten muss.»

«Und was ist mit mir?», fragte Marie. «In meiner Schule gibt's kein Mittagessen.»

«Ich weiß. Mam und ich haben lange darüber gesprochen. Wir denken, dass du alt genug bist, um
einen Schlüssel zu bekommen und dir mittags allein
dein Essen aufzuwärmen.»

«Oh ...» Marie war überrascht. Sie hatte befürch-
tet, zusammen mit den Zwillingen in ihrer alten
Grundschule essen zu müssen.

«Ich würde auch lieber zu Hause essen», sagte Isabelle.

«Ja», rief Nele. «Kann Marie nicht für uns alle Essen aufwärmen?»

«Kommt nicht in Frage», antwortete Pa entschie-
den. «Marie ist zu jung, um für euch verantwortlich
zu sein. Und abholen kann sie euch auch nicht.»

In dem Augenblick klingelte es.

«Das ist Angelina», sagte Pa und stand auf. «Bitte
seid freundlich zu ihr.»

Die Frau, die kurz darauf in die Küche kam, war
klein und pummelig. Sie hatte schwarze Haare und
braune Augen und trug ein gepunktetes Kleid. Marie fand, dass sie älter aussah als fünfzig.

«Guten Tag, ich heiße Angelina.»

Sie lächelte, als sie ihnen allen die Hand gab und
sie ihre Namen nannten.

«Ihr zwei gleicht euch ja wie ein Ei dem anderen»,

66

sagte sie zu den Zwillingen. «Wie soll ich euch bloß auseinander halten?»

«Müssen Sie nicht», antwortete Nele.

«Rufen Sie einfach immer uns beide», sagte Isabelle.

«Angelina, Angelina», rief Julchen und griff nach Angelinas Hand.

Angelina nahm sie auf den Arm und strich ihr über den Kopf. «Du bist ja eine Süße.»

Merkwürdig, dachte Marie, dass Julchen sich von fremden Leuten auf den Arm nehmen ließ.

Pa gab Angelina einen Zettel, auf dem er aufgeschrieben hatte, wo die Grundschule und der Kindergarten waren, wann Isabelle, Nele und Julchen abgeholt werden mussten und wo die Familie immer einkaufen ging.

«Und das ist meine Handynummer, falls irgendwas schief geht.»

«Es wird schon nichts schief gehen», sagte Angelina und lächelte wieder. «Mit Kindern und Haushalten kenne ich mich aus. Ich habe selber sechs Kinder großgezogen.»

Sie schaute sich in der Küche um, die etwas chaotisch aussah, seitdem Mam im Krankenhaus lag, und runzelte die Stirn.

«Wie ich sehe, gibt's hier viel zu tun.»

«Ich habe heute noch nicht aufräumen können», sagte Pa entschuldigend.

«Mir gefällt es, wenn es unordentlich ist», murmelte Marie. «Ist doch gemütlich.»

«Ich liebe Ordnung», verkündete Angelina. «Mit Ordnung kommt man viel leichter durchs Leben.»

«Stimmt!», riefen die Zwillinge, bei denen immer alles aufgeräumt war.

Das kann ja heiter werden, dachte Marie.

Am Montagnachmittag ging es gleich damit los, dass Angelina Maries Schrank öffnete und ihr lauter Pullis, Hosen, T-Shirts, Unterhosen, Unterhemden, Nachthemden und Socken entgegenquollen.

Sie blickte Marie kopfschüttelnd an. «So geht das aber nicht. Bitte setz dich hin und falte alles ordentlich zusammen.»

«Warum? Ich weiß auch so genau, wo was liegt.»

«Es wird doch alles kraus.»

«Das ist mir egal.»

«Mir nicht. Du sollst ordentlich aussehen, wenn du in die Schule gehst. Sonst sagen deine Lehrer, dass eure Haushaltshilfe nichts taugt.»

«Quatsch», murmelte Marie.

«Nimm dir ein Beispiel an deinen Zwillingsschwestern», sagte Angelina und rauschte aus dem
Zimmer.

Marie zog ein Gesicht. Blöde Angelina. Was fiel
ihr ein, an ihr herumzuerziehen? Sie war doch nicht
ihre Mutter.

«Marie, ich muss mit dir reden», sagte Mam ein paar
Tage später, als sie wieder bei ihr zu Besuch waren.

«Ich weiß schon, was jetzt kommt. Aber ich mag
sie nun mal nicht, diese Angelina mit ihrem Ord-
nungsfimmel.»

«Ich finde sie nett», sagte Isabelle.

Nele nickte. «Ich auch.»

«Angelina, Angelina», rief Julchen.

«Halt den Mund!», schrie Marie. «Ich kann's nicht
mehr hören.»

Pa holte tief Luft. «Kommt, ihr drei. Wir lassen
Mam und Marie für ein paar Minuten allein.»

«Bitte versteh doch», sagte Mam, als die anderen
draußen waren. «Angelina ist eine wertvolle Hilfe,
die gut für euch sorgt. Das ist eine große Beruhi-
gung für mich.»

«Sie mäkelt ständig an mir herum. Ich soll aufräumen, ich soll nicht so viel fernsehen, ich soll mehr

Pflichten übernehmen. Dabei bringe ich immer den Müll runter, räume die Spülmaschine aus und gieße die Blumen.»

«Ich werde Pa bitten, dass er mit Angelina darüber spricht. Du hilfst wirklich genug.»

«Und ihr Essen mag ich auch nicht. Gestern gab es Pizza mit Thunfisch.»

«Ist doch lecker.»

«Nee ...»

Mam griff nach Maries Hand. «Ich wünschte, ich könnte noch heute zu euch zurückkommen. Aber es sieht so aus, als ob ich länger hier bleiben muss.»

«O nein!»

«Versuch, dich an Angelina zu gewöhnen. Sie mag euch sehr gern, hat sie Pa gesagt.»

«Glaub ich nicht.»

«Ist aber so. Gib dir 'n bisschen Mühe ...»

«Hm ...»

Mam nahm sie in die Arme und drückte sie. Und Marie dachte, dass sie keine Lust hatte, sich Mühe zu geben, auch wenn ihre Mutter es sich noch so sehr wünschte.

Eigentlich wollte sie nicht mehr jeden Abend nachsehen, ob Claire ihr geschrieben hatte, aber meistens tat sie es doch, und am Dienstag vor Ostern kam tatsächlich eine Mail von Claire.

```
Dear Marie,
I'm still totally overwhelmed about
having a dog. Jamie has really changed my
life. I don't feel so lonely any more. In
the attachment you'll find a photo of
Jamie. Isn't he sweet? I love him!
The school has also become more bearable.
Last week a new girl came into my class
and the teacher asked her to sit next to
me. Her name is Grace. She is nice and
she loves dogs! Yesterday she came home
with me after school and we played with
Jamie.
How are you? And how is your Mum?
Lots of love
Claire
```

Marie spürte einen Stich im Bauch. Claires neue Sitznachbarin hieß also Grace, und nett war sie auch noch. Wahrscheinlich würden die beiden bald Freundinnen sein, wenn sie es nicht schon waren. Niemals hätte Marie es für möglich gehalten, dass

Claire ihr so untreu werden könnte. Erst der Hund und jetzt die Freundin. Bald würde Claire gar nicht mehr an sie denken.

Beinahe widerwillig öffnete sie die angehängte Datei mit dem Foto, und im nächsten Moment blickte ihr ein kleiner Golden Retriever entgegen. Sein helles Fell glänzte, und er hatte so treue Augen, dass Marie sofort dachte, den hätte sie sich auch ausgesucht.

In ihrem Groll beschloss sie, Claire richtig lange auf eine Antwort warten zu lassen. Aber dann lag sie in ihrem Bett und drehte sich wieder von einer Seite auf die andere, ohne einschlafen zu können. Um kurz nach Mitternacht stand sie auf und setzte sich doch noch an den Computer. Irgendwem musste sie schließlich erzählen, wie unglücklich sie war.

Sie schrieb von Mams Einlieferung ins Krankenhaus, von ihrer Angst um das Baby und von Angelina, die bei ihnen alles umkrempelte. *Es kann sein, dass sie wochenlang bei uns bleiben wird, wenn meine Mutter nicht aus dem Krankenhaus entlassen werden darf. Ich weiß nicht, wie ich das aushalten soll! Meine Schwestern mögen Angelina richtig gern. Keine Ahnung, warum. Julchen sitzt ständig bei ihr auf dem Schoß. Ich finde das unmöglich!*

Marie las die Mail noch einmal durch. Sollte sie sie so abschicken, ohne Claire zu sagen, wie enttäuscht sie von ihr war? Nein. Sie musste ehrlich sein, Claire und sie waren immer ehrlich miteinander gewesen. Und wer weiß, vielleicht würde sie ihr sofort zurückschreiben und ihr sagen, dass es ihr leid tue. Dann würde doch noch alles gut.

Dein Hund sieht sehr süß aus, trotzdem verstehe ich nicht, dass sich alles nur noch um ihn dreht und du mir so lange nicht geschrieben hast. Kann sich deine Mutter nicht mal zwischendurch um ihn kümmern? Und eine neue Freundin hast du auch schon. Das ging ja wirklich schnell! Wenn du wüsstest, wie traurig mich das macht! Ich habe gedacht, dass wir immer Freundinnen bleiben werden. Und jetzt weiß ich gar nicht mehr, was ich denken soll.
Bitte antworte mir bald!
Marie

Das kann doch nicht wahr sein!

Diesmal musste Marie nicht lange auf eine Antwort warten. Schon am nächsten Nachmittag war sie da, die Mail von Claire:

```
Dear Marie,
I don't know what to say! What has
happened with you? Have you gone mad? How
come me having a dog and finding a friend
makes you sad? This has nothing to do
with us and our friendship! I wrote to
you many times saying how lonely I was
and how terrible I felt. Do you want me
to be unhappy for the rest of my life
simply because we can't live in the same
city any more? I really hope that is not
what you want, because that would be
very, very selfish! You have never had
to move somewhere else. That's why you
haven't got a clue how hard it is to
```

settle down in a new place where you
don't know anybody!
Please don't be jealous. You are still my
best friend, but I have to have friends
here, too. Otherwise my life would be
dreadful. I wear the bracelet all the
time. And I tell people that my friend in
Germany has the same one. I hope you are
still wearing it! And I'm really looking
forward to you coming to Dublin in May.
Lots of love
Claire

Das kann doch nicht wahr sein, dachte Marie. Sie
verstand nicht jedes einzelne Wort, aber genug, um
zu wissen, dass Claire sich für gar nichts entschuldigte. Im Gegenteil, sie machte ihr auch noch Vor-
würfe! Dass sie *selfish* sei. Was bedeutete das? Marie
griff nach ihrem Wörterbuch und fing an zu blättern. Selbstsüchtig, stand da. Nun reichte es ihr aber!
Wie konnte Claire behaupten, dass sie selbstsüchtig
war? Traurig war sie gewesen, weil Claire ihr nicht
geschrieben hatte. Wenn hier jemand selbstsüchtig
war, dann war es Claire mit ihrem Hund und ihrer
neuen Freundin.

Und *jealous*, was hieß das? Eifersüchtig. Natürlich war sie eifersüchtig, wenn jemand wie diese Grace jetzt mit Claire befreundet war.

Dreadful war auch so ein Wort, das sie nicht kannte. Schrecklich, furchtbar, stand im Wörterbuch. Claires Leben wäre also schrecklich, wenn sie in Dublin keine Freunde hätte. Und was war mit ihrem Leben? Sie hatte Angst um Mam und das Baby und musste sich außerdem noch mit der blöden Angelina herumschlagen. Darauf war Claire in ihrer Mail überhaupt nicht eingegangen.

«Es ist nicht gut für deine Augen, wenn du so viel am Computer sitzt», sagte Angelina.

«Ich habe gerade eine Mail bekommen», murmelte Marie.

«Von wem?»

«Sag ich nicht.» Was ging es Angelina an, von wem sie Mails bekam?

«Dein Vater hat mir erzählt, dass deine beste Freundin im Februar nach Dublin gezogen ist.»

Marie tat, als ob sie den Satz nicht gehört hätte. Wie kam Pa dazu, mit Angelina über Claire und sie zu sprechen?

«Du siehst traurig aus. Soll ich dir einen Kakao machen?»

Marie schüttelte den Kopf. Jetzt versuchte sie auch noch, sich bei ihr einzuschmeicheln. Doch damit kam sie bei ihr nicht an.

«Ich weiß, du machst dir Sorgen um deine Mutter und das Baby. Aber es wird bestimmt gesund zur Welt kommen.»

Marie sprang auf und lief in ihr Zimmer. Konnte Angelina sie nicht endlich in Ruhe lassen?

Noch am selben Abend schickte sie Claire eine Antwort. Sie begann mit *Liebe Claire,* was sie jedoch gleich wieder löschte. Claire war nicht lieb, sie war gemein, weil sie nur an sich dachte.

```
Ich versteh dich nicht mehr! Was bildest
du dir eigentlich ein? Meinst du, du bist
die Einzige auf der Welt, die es schwer
hat, nur weil du umgezogen bist? Meine
Probleme scheinen dich überhaupt nicht zu
interessieren. Das hätte ich von meiner
so genannten besten Freundin wirklich
nicht erwartet. Dein Armband trage ich
schon länger nicht mehr, und nach Dublin
werde ich auch nicht kommen.
Marie
```

Am nächsten Tag um fünf klingelte das Telefon. Marie hörte, wie Angelina den Hörer abnahm.

«Wer ist da? ... Ah, ja ... Du möchtest Marie sprechen? ... Warte, ich hole sie.»

Marie beugte sich über ihr Englischbuch. Wenn das Claire war, konnte sie lange warten. Sie würde nicht ans Telefon kommen.

«Da ist ein Anruf für dich, aus Dublin», rief Angelina. «Deine Freundin Claire.»

«Die kann mir den Buckel runterrutschen. Ich will nichts mehr mit ihr zu tun haben!»

«Sie weint und möchte unbedingt mit dir reden.»

«Aber ich nicht mit ihr!», schrie Marie. Sie sprang auf und knallte ihre Zimmertür zu. Vorsichtshalber schloss sie auch gleich noch ab.

«Es tut mir leid», hörte sie Angelina sagen. «Marie hat sich in ihrem Zimmer eingeschlossen. Ich weiß nicht, was mit ihr los ist ... Sie wird sicher später zurückrufen ... Auf Wiederhören ...»

Sie würde nicht zurückrufen. Wie kam Angelina dazu, so etwas anzukündigen? Wütend knallte Marie ihr Buch in die Ecke. Die Englisch-Hausaufgaben konnten ihr für heute gestohlen bleiben.

Plötzlich klopfte es laut an ihrer Tür. «Marie, ich bin's, Isabelle. Mach die Tür auf.»

79

«Nein!»

«Warum willst du nicht mit Claire telefonieren?»

«Darum nicht!»

«Sie ist doch deine beste Freundin», rief Nele.

«Marie, rauskommen!», rief Julchen und trommelte mit beiden Fäusten gegen die Tür.

«Nein!», schrie Marie. «Und nun haut endlich ab!»

«Hast du 'n Knall?», rief Isabelle, während Julchen anfing zu weinen.

«Kommt, ihr drei», sagte Angelina. «Wir gehen in die Küche.»

Endlich waren sie weg. Marie warf sich auf ihr Bett und vergrub ihren Kopf unter dem Kissen. Wenn bloß Mam hier wäre und sie ihr alles erzählen könnte. Aber der ging es nicht gut, und deshalb durften sie sie im Augenblick nicht besuchen.

Als Pa zurückkam, hörte sie, wie die anderen ihm erzählten, was passiert war. Die Zwillinge und Julchen waren immer noch sauer auf sie, Angelina dagegen klang richtig besorgt.

«Ach, du meine Güte», stöhnte Pa. «Als ob ich nicht schon genug Probleme hätte.»

Nachdem Angelina gegangen war, klopfte er an ihre Tür. «Marie?»

«Ich will niemanden sehen.»

«Aber ich will mit dir reden. Und zwar sofort.»

Widerwillig ging Marie zur Tür und schloss auf. Sie erschrak, als sie sah, wie blass Pa war.

«Warst du bei Mam?»

Er nickte und machte die Tür hinter sich zu. «Erzähl Julchen und den Zwillingen nichts davon, aber es sieht nicht gut aus. Wir müssen damit rechnen, dass sie das Baby verlieren wird.»

«O nein . . .» Marie schluckte.

«Ich weiß, du bist unglücklich wegen Claire. Und es tut mir leid, dass ich dir im Moment nicht weiterhelfen kann. Aber ich bin wirklich verzweifelt.»

Pa sah aus, als ob er gleich anfangen würde zu weinen. Das hatte Marie noch nie erlebt. Sie griff nach seiner Hand, und da nahm er sie in die Arme und drückte sie so fest, dass sie beinahe keine Luft mehr bekam.

Drei Tage später war Ostern. Pa fuhr mit ihnen in den Stadtpark, um dort wie immer die Ostereier zu verstecken, doch nicht mal Julchen war fröhlich, und Pa hatte wieder diese Angst in den Augen.

Am Tag nach Ostern verkündete Frau Deubner, dass es ab sofort eine neue Sitzordnung gäbe. Sie

81

sagte nicht warum, aber Marie war sich sicher, dass
es etwas mit ihr zu tun hatte. Sie saß jetzt neben der
schüchternen Wiebke. Das war nicht schlecht, auf
jeden Fall besser als das ewige Alleinsitzen. Ein lee-
rer Platz würde sie sowieso nur an die blöde Claire
erinnern.

«Hallo», sagte Wiebke leise.

«Hallo», antwortete Marie und lächelte.

«Is everybody happy with our new sitting arrange-
ment?», fragte Frau Deubner und schaute in die
Runde.

Alle nickten, auch Marie.

Nach der Stunde bat Frau Deubner sie, noch kurz
in der Klasse zu bleiben. Sie wollte wissen, wie Marie jetzt zurechtkam und ob ihre Mutter wieder zu
Hause sei. Marie erzählte von Angelina und von ihrer Angst um ihre Mutter und das Baby. Frau Deubner hörte ihr aufmerksam zu, und dann schrieb sie
eine Telefonnummer auf und sagte, dass Marie sie
jederzeit anrufen dürfe.

«Danke ...»

«Ich bin froh, dass du nun nicht mehr allein sitzt.
Du wirst dich bestimmt gut mit Wiebke verstehen.»

«Ja ...»

«Hast du von Claire gehört?»

«Hm ...»

«Wie geht's ihr denn? Hat sie sich in Dublin gut eingelebt?»

«... Ja ...»

«Grüß sie von mir, wenn du ihr schreibst.»

Marie antwortete nicht, und Frau Deubner blickte sie einen Moment lang aufmerksam an, als ahnte sie, dass zwischen Marie und Claire irgendwas nicht stimmte.

Marie hatte sich gerade den Möhreneintopf, der auf dem Herd stand, aufgewärmt, als sie hörte, wie die Wohnungstür aufgeschlossen wurde. War das etwa Pa? Das konnte nichts Gutes bedeuten. Er kam sonst nie mittags nach Hause.

Marie lief in den Flur und stutzte, als sie Angelina auf sich zukommen sah. Die hatte ihr gerade noch gefehlt.

«Hallo, Marie. Du wunderst dich wahrscheinlich, wieso ich schon da bin.»

Marie zuckte nur mit den Achseln und beschloss, zu ihrem Möhreneintopf zurückzukehren, bevor er kalt wurde. Aber so schnell ließ Angelina nicht locker. Sie kam hinter ihr her und setzte sich zu ihr an den Tisch.

«Ich bin etwas eher gekommen, weil ich mit dir reden wollte, bevor ich deine Schwestern abhole.»

O nein!

«Über Ostern habe ich immer wieder an Claire und dich gedacht.»

Hör auf!, dachte Marie und aß, so schnell sie konnte.

«Es tut sehr weh, wenn man von seiner besten Freundin getrennt wird.»

Marie musste sich beherrschen, Angelina nicht anzubrüllen, dass sie das alles nichts anging.

«Ich weiß, wovon ich rede, weil ich es auch erlebt habe.»

Und dann erzählte sie von ihrer Freundin in Lissabon, die sie seit vierzig Jahren kannte und die ihre beste Freundin war, obwohl sie ihr halbes Leben in Deutschland verbracht hatte.

«Es war nicht immer leicht», sagte Angelina und seufzte. «Manchmal war ich eifersüchtig, wenn ich hörte, mit wem sie sich zum Kaffeetrinken traf, wer ihr bei den Vorbereitungen für ein Familienfest half und wem sie ihre Kinder anvertraute, wenn sie Hilfe brauchte. Und trotzdem, jedes Mal wenn wir uns wiedersahen, war es so, als wären wir nie getrennt gewesen.»

Marie spürte, wie es in ihrer Kehle heiß wurde. Sie wollte nicht weinen, nicht hier vor Angelina. Aber plötzlich brachen die Tränen aus ihr heraus. Sie weinte und weinte, wie sie vielleicht noch nie geweint hatte. Und auch als Angelina sich neben sie setzte und den Arm um sie legte, konnte sie lange nicht aufhören.

Später machte Angelina ihr einen Kakao, und allmählich fing Marie an zu reden. Anfangs geriet sie immer wieder ins Stocken, aber irgendwann sprudelte es nur so aus ihr heraus. Wie schön ihre Freundschaft mit Claire gewesen sei und was sie alles miteinander geteilt hätten: die Schule, das Radfahren, ihr Versteck am Fluss. Claires Umzug sei so schrecklich für sie beide gewesen, aber sie hätten sich fest versprochen, immer Freundinnen zu bleiben. Und jetzt habe Claire sie verraten, weil sie eine neue Freundin habe, und deshalb wolle sie nichts mehr von ihr wissen und sie auch nicht im Mai besuchen.

«Und was ist mit dir?», fragte Angelina. «Brauchst du nicht auch neue Freunde? Du kannst schließlich nicht immer allein sein.»

«Ich war Claire bisher treu», antwortete Marie und putzte sich die Nase. «Aber jetzt ist es mir egal.»

«Geht denn nicht beides? Du behältst Claire als Freundin und findest trotzdem neue Freunde hier in Hamburg.»

«Nein ...»

«Warum nicht?»

«Ich ... ich kann mich doch nicht teilen ...»

«Musst du auch nicht. In dir ist genug Platz für mehrere Freundschaften. Und Claire kann immer noch deine beste Freundin sein.»

«Claire ist für mich gestorben.»

Angelina schüttelte den Kopf. «Das glaube ich nicht. Dann wärst du nicht so schrecklich traurig. Ich denke, tief in deinem Innern magst du sie noch sehr gern.»

Sie stand auf und strich Marie über die Haare. «So, und jetzt muss ich los, um Julchen und die Zwillinge abzuholen.»

Als Angelina weg war, ging Marie ins Badezimmer und öffnete den Schrank. Unter ihren Haarspangen vergraben lag das silberne Armband. Langsam ließ sie es von einer Hand in die andere gleiten. Und auf einmal sah sie Claire vor sich, wie sie ihr das kleine quadratische Päckchen mit der goldenen Schleife reichte und kurz darauf ein Armband aus ihrer Hosentasche zog, das genauso aussah wie das

87

in dem Kästchen. That we'll always be friends, hatte sie gesagt. Ob sie überhaupt noch mit ihr reden würde?

I Was Really Shocked!

«Mam geht es viel besser», verkündete Pa, als er abends aus dem Krankenhaus zurückkam. «Morgen dürft ihr sie wieder besuchen.»

Marie sah die Erleichterung in seinen Augen, und ihr fiel ein Stein vom Herzen. Sie hatte solche Angst gehabt, dass Mam das Baby verlieren würde.

«Kommt sie bald nach Hause?», fragte Isabelle.

«Nein, leider noch nicht.»

«Und was ist mit dem Baby?», fragte Nele.

«Das wächst weiter.»

«Ich kein Baby», rief Julchen. «Ich schon groß.»

«Und wie!», sagte Pa und nahm sie auf den Arm. «Unser großes Julchen bleibt sogar ohne zu murren bis nachmittags im Kindergarten.»

Julchen nickte. Niemand hätte gedacht, dass sie sich so schnell daran gewöhnen würde.

«Ab in die Wanne!», rief Marie, die nur darauf wartete, dass alle im Bett waren, damit sie in Ruhe eine Mail an Claire schreiben konnte.

Aber als sie dann vor dem Computer saß, wusste sie nicht, wie sie anfangen sollte.

«Hast du was von Claire gehört?», fragte Pa und legte seine Zeitung beiseite.

«Nein. Ich glaube, … ich bin dran mit Schreiben.»

«Es tut mir so leid, dass ich dir neulich nicht helfen konnte. Mam war richtig ärgerlich, als ich ihr heute davon erzählt habe. Sie meinte, ich hätte dich damit nicht allein lassen dürfen. Aber es ging mir selber so schlecht.»

«Angelinas beste Freundin wohnt in Lissabon.»

«Aha. Ich wusste gar nicht, dass ihr euch über so was unterhaltet.»

«Sie sieht sie nicht sehr oft.»

«Dann kann sie verstehen, wie dir zumute ist.»

«Ja …»

Eine Weile schwiegen sie beide. Marie starrte auf den Bildschirm. Wenn sie bloß einen Anfang finden könnte.

«Hast du schon was geschrieben?»

Marie schüttelte den Kopf. «Claire will sicher nichts mehr von mir wissen. Meine letzte Mail war ziemlich hart. Und als sie angerufen hat, habe ich in den Flur geschrien, dass sie mir den Buckel runterrutschen könnte. Das hat sie bestimmt gehört.»

90

«Warum warst du denn so wütend auf sie?»

«Weil sie eine neue Freundin hat und weil sie mir kaum noch geschrieben hat, seit der Hund da ist. Dieser Jamie hat ihr Leben total verändert.»

«Sie war vorher auch sehr unglücklich.»

«Ja . . . und natürlich will ich das nicht, dass sie unglücklich ist.»

«Aber du bist eifersüchtig.»

«Hm . . .»

«Weil du sie immer noch sehr gern hast.»

«Ja . . .»

«Dann schreib das alles genau so auf. Ich glaube schon, dass sie dir darauf antworten wird.»

«Ich weiß nicht, ob ich das kann . . .»

«Was ist eigentlich mit dem silbernen Armband, das sie dir geschenkt hat?»

«Das . . . liegt bei meinen Haarspangen . . .»

«Willst du es nicht wieder tragen?»

Marie zögerte. Fast hätte sie es sich vorhin wieder umgebunden, aber sie wusste nicht, ob sie das durfte, wenn für Claire jetzt vielleicht die Freundschaft beendet war.

«Hol's doch mal.»

Marie stand auf und lief ins Badezimmer. Mit einem Griff zog sie das Armband unter den Haarspangen hervor. Und plötzlich zweifelte sie nicht mehr, ob es richtig war, es zu tragen. Sie band es sich um, und als sie ins Wohnzimmer zurückkam, wusste sie auch, wie sie die Mail an Claire beginnen würde.

Liebe Claire,
erst mal möchte ich dir sagen, wie leid
es mir tut, dass ich dir in der letzten
Woche so wehgetan habe. Ich habe seitdem
viel nachgedacht und hoffe sehr, dass du
mir verzeihen kannst.

Und dann beschrieb sie ihre widersprüchlichen Gefühle, ihre Eifersucht und ihren Neid, aber auch ihren Wunsch, dass es Claire gut gehen möge und sie glücklich sei, weil sie sie doch gern habe und sie immer noch ihre beste Freundin sei, auch wenn sie andere Freundinnen in Dublin finden würde und sie vielleicht eine neue Freundin in Hamburg. Ja, sie fügte sogar hinzu, dass sie seit heute neben Wiebke sitzen würde, weil es nicht gut sei, immer allein zu sein.

Dein Armband trage ich auch wieder. Du
hast deins in der letzten Woche bestimmt
abgemacht, nachdem ich nicht mit dir te-

lefonieren wollte. Meinst du, du kannst
es jetzt wieder umbinden?
Bitte melde dich bald!
Viele liebe Grüße
deine Marie

Eine Stunde später klingelte das Telefon. Marie lag
schon im Bett, aber sie sprang sofort auf und lief in
den Flur.

«Ich gebe sie dir», sagte Pa und reichte ihr lächelnd
den Hörer.

«Hallo?»

«It's me, Claire. I've just got your mail.»

Marie schloss einen Moment lang die Augen.
Claires Stimme klang ganz anders als sonst. Vielleicht würde sie ihr gleich sagen, dass alles vorbei sei
und sie sich nie wieder bei ihr melden solle.

«You know, Marie, I was really shocked last week!
I couldn't believe my eyes when I read your mail. And
then you refused to speak to me on the phone ...»

«Claire, es tut mir wirklich sehr, sehr leid!»

«It was the worst Easter I've ever had. I cried for
hours and last night I decided I would throw away
the bracelet.»

«O nein!»

«And I did throw it away, but my mother took it out of the bin without me noticing. So I still have it ...»

«Wirst du es wieder tragen?»

«Yes ... I'm wearing it now ...»

Marie holte tief Luft. Glück gehabt!

«When you wrote about Wiebke sitting next to you I suddenly also felt a bit jealous ... So I do understand what you are saying ... Wiebke is quite shy, isn't she?»

«Ja ... ich habe bisher kaum mit ihr geredet ...»

Marie überlegte, ob sie Claire nach Grace fragen sollte. Es fiel ihr schwer, vielleicht weil sie immer noch etwas eifersüchtig war.

«Grace is not shy at all», hörte sie Claire da sagen. «In fact, she can be really cheeky.»

«Was ist das?»

«Eh ... I think it's ... frech ...»

«Ist sie zu dir frech?»

«Sometimes ... and then she is okay again ...»

«Besucht ihr euch oft?»

«About once or twice a week ... There just isn't enough time. I rarely finish my homework before five. Sometimes it's a lot later. I don't think I'll ever get used to that.»

«Das ist auch wirklich hart.»

Ein paar Sekunden lang waren sie beide still.

«How is your Mum?»

«Der ging's in den letzten Tagen nicht so gut ... Wir durften sie nicht mal besuchen ... Zum Glück geht's ihr seit heute wieder besser und dem Baby auch.»

«Do you still have to eat on your own at lunch time?»

«Ja, aber das finde ich nicht so schlimm.»

«And how are you getting on with Angelina?»

«Viel besser.»

«What about the food she cooks? Do you still hate it?»

«Nein ... »

«Do you know that it's exactly two months since we moved to Dublin?»

«Das kommt mir viel länger vor.»

«Me, too. Have you thought about your trip in May?»

«Ja ... ich würde gern kommen ... »

«It would be so good to see you again.»

«Und du bist mir nicht mehr böse?»

«No, I'm not. When is your flight?»

«Am 16. Mai.»

«In ... eh ... four and a half weeks. That's nothing now that we have survived two months without seeing each other!»

«Ich freu mich so.»

«Me, too.»

«Weißt du, dass ich noch nie geflogen bin?»

«Don't be afraid. You'll love it. It's wonderful. And we'll come and pick you up at the airport.»

«Das wär toll ... Ich glaub, ich muss jetzt aufhören.»

«Okay. I'll send you a mail in the next few days.»

«Ich dir auch. Tschüs, bis bald.»

«Bye, bye and a big hug.»

Maries Kopf glühte, als sie den Hörer auflegte. Wie im Taumel lief sie ins Wohnzimmer, wo Pa im Sessel saß und Zeitung las. «Wir haben uns wieder vertragen.»

«Siehst du», sagte Pa schmunzelnd. «Ich wusste, dass Claire dich nicht so schnell fallen lassen würde.»

«Vorhin dachte ich noch, dass ich niemals im Mai nach Dublin fahren könnte, aber jetzt fahre ich doch.» Plötzlich stutzte Marie. «Das heißt ... Geht das überhaupt, wenn Mam noch im Krankenhaus liegt?»

Pa nickte. «Natürlich, sie wird dort doch gut versorgt. Außerdem wissen wir nicht, ob sie bis dahin nicht längst wieder zu Hause ist.»

An diesem Abend schlief Marie mit dem Gefühl ein, dass doch noch alles gut werden würde: Mam ging es besser, das Baby wuchs, und sie würde Claire bald wieder sehen.

Neue Zeiten

Am nächsten Tag erzählte Marie allen in der Schule, dass sie Claire im Mai in Dublin besuchen würde.

«Super», sagte Tim.

«Und du fliegst ganz allein?», fragte Sarah.

«Ja ... mir ist schon 'n bisschen mulmig, weil ich noch nie geflogen bin.»

«Das gibt's doch gar nicht!», rief Max. «Wir fliegen alle paar Wochen irgendwohin!»

«Angeber», sagte Nina verächtlich.

«Das Fliegen fänd ich nicht so schlimm», meinte Gregor. «Nur wenn ich dann in Irland Englisch sprechen müsste, das wär nichts für mich.»

«Wie geht's Claire denn?», fragte Wiebke leise.

«Am Anfang war sie ziemlich unglücklich», antwortete Marie. «Aber seitdem sie einen Hund hat und ... jetzt auch andere Kinder kennen lernt, geht's ihr besser.»

«Hat die's gut ...», murmelte Sarah. «Ich hätte auch so gern einen Hund.»

«Es ist ein Golden Retriever. Er heißt Jamie und ist noch ganz jung. Claire hat mir ein Foto von ihm gemailt. Er sieht total süß aus.»

«Schreibt ihr euch oft?», fragte Nina.

«... Das ist verschieden ... Zwischendurch hab ich länger nichts von ihr gehört.»

In dem Augenblick klingelte es, und sie gingen gemeinsam in die Klasse zurück.

«Ich ... ich wollte dich was fragen ...», sagte Wiebke, als sie wieder auf ihren Plätzen saßen.

Marie blickte sie erwartungsvoll an.

«Hast du ... Lust, dich nachmittags mal mit mir zu treffen?»

«... Ja ... warum nicht?»

«Wirklich?» Wiebke strahlte.

«Was wollen wir denn machen?»

«... Vielleicht schwimmen gehen?»

«Okay ... Ich war ewig nicht schwimmen.»

«Ich ... ich hätte dich schon eher gefragt, aber ich dachte, du hättest keine Zeit.»

«Wieso?»

«Frau Deubner hat mir erzählt, dass deine Mutter im Krankenhaus liegt und du noch drei jüngere Schwestern hast ... und alles ziemlich schwierig ist ...»

«Ja, aber ich kann trotzdem mal schwimmen gehen.»

«Super ...»

«Heute besuche ich meine Mutter. Wie wär's mit
morgen?»

«Ja, okay. Um drei am Holthusenbad?»

Marie nickte. Es war wirklich lange her, dass sie
sich mit jemandem verabredet hatte.

«Ich freu mich so für dich, dass zwischen Claire und
dir alles wieder in Ordnung ist», sagte Mam nachmittags. «Nun kannst du doch im Mai nach Dublin
fliegen.»

«Wirst du auch nicht traurig sein, wenn du dann
noch im Krankenhaus liegst und ich weg bin?»

«Nein, im Gegenteil. Die letzten Monate waren so
schwer für dich. Es wird Zeit, dass du mal wieder
was Schönes vorhast.»

«Morgen Nachmittag geh ich mit Wiebke
schwimmen.»

Mam sah sie überrascht an. «Wiebke? Wer ist
denn das?»

«Die sitzt seit gestern neben mir ... Frau Deubner
hat beschlossen, dass es eine neue Sitzordnung
gibt.»

«Hast du etwa bis dahin immer noch allein gesessen?»

«Ja ... ich wollte niemanden neben mir haben ...»

«Oh, das wusste ich gar nicht ...»

«Du warst ja auch krank ...»

«Meine kleine Marie», sagte Mam und drückte sie.
«Es tut mir so leid ...»

Und Marie dachte, dass es schön war, mal nicht
die Große zu sein.

Wiebke wartete schon auf sie, als sie am nächsten
Tag um drei vorm Holthusenbad ihr Rad ankettete.

«Gehst du oft schwimmen?», fragte Marie.

Wiebke nickte.

Später im Wasser war Marie verblüfft, wie gut
Wiebke kraulen konnte. Das hätte sie ihr nicht zu-
getraut.

«Es gab noch einen Grund, warum ich dich nicht
eher gefragt habe, ob du dich verabreden willst»,
sagte Wiebke, als sie am Beckenrand eine Pause
machten.

«Ja? ...»

«Ich dachte, du bist mit Claire befreundet und
möchtest keine neuen Freunde haben.»

«Na ja, das war auch so», antwortete Marie. «Aber

jetzt ist es anders. Komm, wir schwimmen um die Wette.»

Marie schwamm so schnell sie konnte, doch Wiebke war trotzdem schneller.

«Wie schaffst du das?», fragte Marie völlig außer Puste.

«Du musst regelmäßiger atmen. Ich mach's dir mal vor.»

Wiebke kraulte eine Bahn, und dann versuchte Marie, es ihr nachzumachen. Es klappte schon ein wenig besser. Während sie die nächste Bahn schwamm, dachte sie an Claire, die so gern lernen wollte, wie man krault. Heute Abend würde sie ihr schreiben, dass Wiebke es ihr gezeigt hatte und sie in Dublin zusammen üben könnten.

Als sie nach Hause kam, lief sie gleich in die Küche, wo Angelina dabei war, zu kochen.

«Na, heute strahlst du ja», sagte sie und lächelte.

«Ich hab Claire geschrieben, und dann haben wir telefoniert, und in den Mai-Ferien fliege ich nach Dublin.»

Angelina nahm sie in die Arme und drückte sie. «Ich habe so an dich gedacht und gehofft, dass ihr euch wieder vertragt.»

«Danke ... Wann hast du deine Freundin eigentlich zuletzt gesehen?»

«Vor knapp drei Jahren.»

«Was??? Das ist ja eine Ewigkeit her!»

«Zum Glück kommt sie in diesem Sommer nach Hamburg.»

«Hast du manchmal Angst gehabt, dass du sie als Freundin verlierst?»

«Ja ... aber nie sehr lange. Dafür mögen Maria und ich uns zu gern.»

«Sie heißt Maria?»

Angelina lächelte. «Ja, und sie hat sogar Ähnlichkeiten mit dir. Sie ist furchtbar unordentlich, aber auch sehr lieb.»

Travelling

Marie stand vor ihrem Kleiderschrank und überlegte, was sie nach Dublin mitnehmen sollte. Claire hatte ihr geschrieben, dass das Wetter sehr gut sei, richtig warm, aber das könne sich in Irland auch schnell wieder ändern.

«Soll ich dir beim Packen helfen?», fragte Angelina.

«Ja, das wär toll.»

«Ich war noch nie in Dublin», sagte Angelina und begann, Maries T-Shirts zusammenzufalten. «Soll eine schöne Stadt sein.»

«Claire wohnt direkt am Meer.»

«Du freust dich bestimmt riesig auf sie.»

«Ja.»

Später, als sie fertig waren, zog Angelina eine Tüte mit Gummibärchen aus ihrer Schürze. «Hab ich dir mitgebracht. Ein kleiner Reiseproviant.»

«Oh, danke!»

«Und pass gut auf dich auf.»

«Wann kommst du wieder?», fragte Isabelle, als sie am Sonntagmorgen alle zusammen zum Flughafen fuhren.

«Heute in einer Woche.»

«Jellyfish Claire», rief Julchen.

«Ja, genau», sagte Marie. «Ich fahre zu Claire.»

«Bringst du uns was mit?», fragte Nele.

«Na klar.»

«Und ruf mich kurz an, wenn du angekommen bist», sagte Pa.

Marie nickte. Ihr Vater war richtig aufgeregt, fast noch aufgeregter als sie. Genau wie Mam, die gestern beim Abschied im Krankenhaus fast geweint hatte.

Als die Stewardess kam, um sie zum Flugzeug zu bringen, liefen Julchen plötzlich Tränen über die Wangen.

«Marie nicht wegfahren ... Marie hier bleiben ...»

«Nicht weinen», sagte Marie und gab ihr einen Kuss. «Ich bin doch bald wieder da.»

Sie winkte ein letztes Mal, und dann ging's los. Die Stewardess war sehr nett zu ihr, sie erklärte ihr alles und blieb bei ihr, bis sie im Flugzeug saß und sich angeschnallt hatte. Und auch während des Flu-

106

ges kam sie mehrmals vorbei und fragte sie, ob alles in Ordnung sei.

Claire hatte Recht gehabt, fliegen war wirklich toll. Da das Wetter so schön war, konnte sie ganz viel erkennen. Gleich zu Anfang sah sie die Elbe und dachte ans Witthüs, das irgendwo dort unten zwischen den Bäumen lag. Später entdeckte sie winzige Felder, Wälder und Städte und irgendwann auch das Meer. Als die irische Küste auftauchte, wurden ihre Hände feucht vor Aufregung. Jetzt dauerte es nicht mehr lange, und sie würde Claire endlich wiedersehen.

Bei der Landung gab es ein leichtes Ruckeln, aber das war auch schon alles. Marie hatte es sich viel schlimmer vorgestellt. Ihr war kein bisschen schlecht geworden.

Die Stewardess ging mit ihr ins Flughafengebäude und dann durch die Passkontrolle, wo sie ihren Ausweis vorzeigte. Jetzt brauchte sie nur noch ihren Koffer. Marie wurde immer ungeduldiger. Hoffentlich musste sie nicht so lange warten. Nein, sie hatte Glück. Ihr roter Koffer war einer der ersten auf dem Fließband.

«Marie! Marie!», hörte sie eine Stimme rufen, als sie aus dem Ausgang kam, und dann sah sie Claire.

Sie fielen sich um den Hals und konnten sich eine Weile gar nicht wieder loslassen.

«You're looking great.»

«Du auch.»

«Welcome to Dublin», sagte Claires Mutter und lächelte.

«Thanks … I'm so glad to be here.»

«How was the flight?», fragte Claire, nachdem die Stewardess, die bis hierher mitgekommen war, sich von ihnen verabschiedet hatte.

«Schön. Ich konnte so viel sehen.»

«The weather has been fantastic. It's really warm. So we might be able to go for a swim in the sea.»

«Das wär toll.»

«I'd love to learn how to do the crawl.»

«Ich kann's auch noch nicht perfekt, aber ich zeig dir, was ich bisher gelernt habe.»

Als sie hinten im Auto saßen und Claires Mutter losfuhr, prusteten sie plötzlich los vor Lachen. Es war so verrückt, dass sie sich wiederhatten und jetzt hier zusammen durch Dublin fuhren. Beide trugen sie ihre silbernen Armbänder, das war Marie sofort aufgefallen.

«You must be hungry», sagte Claires Mutter. «They don't serve anything on the plane, do they?»

109

«No, but ... I had a sandwich and an apple ...»

«I've made a chocolate cake for us», rief Claire. «With a lot of icing.»

«Hmmm, lecker.»

«And tonight we'll have apple crumble for dessert. You once had that at our place in Hamburg, and you loved it.»

«Stimmt.»

Sie kamen an eine Brücke, die über die Liffey führte, und kurz darauf sah Marie endlich auch das Meer. Schon bald fuhren sie eine Küstenstraße entlang, das Wasser glitzerte in der Sonne, und in der Ferne kreuzten Boote mit bunten Segeln.

«Schön ist das hier», sagte Marie.

«I'm so glad the weather is good. You can't imagine how rough the sea can be. Then it's not nice at all.»

Das Haus, in dem Claire wohnte, lag in einer Sackgasse direkt am Meer. Hier gab es einen Sandstrand, viele Felsen und sogar einen alten Turm. *Seapoint Beach* stand auf einem kleinen Schild.

«The bay is called Dublin Bay», sagte Claire und zeigte aufs Meer hinaus. «And the hills you can see in the distance belong to a peninsula called Howth.»

«Was ist das, eine pen-in-su-la?», fragte Marie.

«Almost an island, but still connected by a thin strip of land.»

«Ah, eine Halbinsel.»

«Shall we get Jamie and go down to the beach?»

«Ja. Ich bin schon so neugierig auf ihn.»

Kaum hatten sie die Haustür geöffnet, als Jamie auf sie zugestürmt kam.

«Ist der schön!», rief Marie und hockte sich hin, um ihn zu streicheln. Sein Fell war ganz weich.

«He likes you», sagte Claire. «Have you seen his paws? He'll be huge when he is grown up.»

Jamie hatte angefangen, Maries Finger zu lecken. Zwischendurch blickte er sie immer wieder mit seinen großen, dunklen Augen an, als wolle er fragen, wer sie denn sei.

Später am Strand warfen sie Bälle für Jamie, kletterten auf den Felsen umher, und als sie Hunger bekamen, holte Claire ihnen Schokoladenkuchen aus dem Haus.

«Do you want to go for a swim? The water is still quite cold, but once you're in it's not too bad.»

«Dann versuchen wir's.»

Sie rannten ins Haus zurück, um sich umzuziehen. Claires Zimmer war riesig. An das Bett und den blauen Schrank erinnerte sich Marie noch, aber der

Schreibtisch, das Korbsofa, die Sessel und der kleine Tisch waren neu. In dem großen Erkerfenster gab es Bänke mit Kissen, und man blickte direkt aufs Meer.

«So stelle ich mir ein Ferienhaus vor», sagte Marie. «Aber ihr wohnt immer so. Das ist ganz schön toll!»

Claire wurde verlegen. «I know it's a really beautiful house. And we wouldn't live here if my father didn't have this job with the bank ...»

«Hauptsache, dir geht's gut und du bist nicht mehr unglücklich.»

«I still miss Hamburg and I think I will always miss it. But you're right, I'm not unhappy any more.»

Hand in Hand liefen sie zum Strand zurück. Als Marie ihre Füße ins Wasser steckte, zuckte sie zusammen. Es war wirklich noch sehr kalt. Zum Glück schien die Sonne warm auf ihren Rücken.

«Let's run in together.»

«Okay ...»

Sie ließen sich gleichzeitig ins Wasser fallen, und einen Moment lang blieb Marie die Luft weg, so eisig war es. Doch als sie anfing zu schwimmen, merkte sie die Kälte bald nicht mehr.

«Show me how to do the crawl!», rief Claire.

«Wichtig ist, dass du richtig atmest», sagte Marie und kraulte ein paar Meter.

«That looks just right.»

Sie übten kraulen, bis sie beide völlig außer Puste waren. Dann liefen sie ins Haus, duschten und tranken einen heißen Kakao.

«Do you want to come to school with me tomorrow?», fragte Claire.

«Gern, wenn das geht.»

«Yes, it's fine. I've already spoken with my teacher.»

«Hoffentlich versteh ich die Leute aus deiner Klasse. Die sprechen bestimmt sehr schnell.»

«I'll help you.»

Als sie am nächsten Tag auf den Schulhof kamen, liefen gleich mehrere Kinder auf sie zu.

«Is that your German friend?», fragte ein Mädchen mit langen blonden Haaren.

«Yes, that's Marie», antwortete Claire. «And this is Grace.»

«Hi», sagte Grace und streckte ihr die Hand entgegen.

«Hi ...» Das war also das Mädchen, das neben Claire saß. Marie spürte, wie die alte Eifersucht wieder in ihr hochstieg.

«Funny that you have red hair.»

«Why is that funny?», fragte Marie.

«I didn't know that there were Germans with red hair.»

«Meine Zwillingsschwestern haben auch rote Haare.»

Grace runzelte die Stirn. «What did you say?»

«Sorry ...», murmelte Marie. «My ...» Was hieß bloß Zwillinge auf Englisch?

«Her twin sisters also have red hair», übersetzte Claire.

«You have twin sisters? Lucky you!», rief Grace. «I only have a big brother who gets on my nerves.»

«My sisters ... can be like that, too», sagte Marie.

In dem Augenblick klingelte es. So schwer fiel es ihr gar nicht, die anderen zu verstehen, dachte Marie. Und mit Grace würde sie schon zurechtkommen.

Claire besorgte einen Stuhl für sie und stellte ihn neben ihren. Jetzt waren sie wieder Sitznachbarinnen, wenigstens für diese Woche.

In der ersten Stunde hatten sie Mathe. Da verstand Marie fast überhaupt nichts. Auch in Geschichte musste Claire ihr erst mal helfen, bevor sie begriff, dass es in dem Text, der in der Klasse besprochen wurde, um die Hungersnot in Irland ging, vor mehr als hundertsechzig Jahren. In Biologie wurde das Thema Delphine durchgenommen, das war schon etwas leichter. Trotzdem war Marie mittags ziemlich erschöpft.

«Are you hungry?», fragte Claire.

Marie nickte.

Zusammen mit Grace gingen sie zur Kantine und holten sich jede eine Portion Spaghetti mit Tomatensauce.

«Is school very different in Germany?», fragte Grace, als sie am Tisch saßen und anfingen zu essen.

«It's over ... at lunch time», antwortete Marie.

«Are you serious?»

«Yes, but we start ... an hour earlier.»

«So you are free in the afternoon?»

«We don't have lessons, but ... we have some homework to do.»

«We do, too.»

«That is hard ...», sagte Marie.

«Do you know what?», Grace lächelte sie an. «Your English is really good.»

«Thank you.»

«I wish I could speak German like that.»

«Claire has ... taught me a lot.»

«And you've taught me German», sagte Claire.

115

«Do you miss each other?», fragte Grace.

«Yes, we do», antworteten Marie und Claire wie aus einem Mund.

«What do you think of Grace?», fragte Claire abends im Bett.

Marie beugte sich zu Jamie hinunter, der zusammengerollt in seinem Korb lag und schon eingeschlafen war. «Sie ist okay. Obwohl ich erst dachte, dass sie sich über meine Haare lustig macht.»

«Grace sometimes says things like that, but I'm sure she didn't want to offend you.»

«Was heißt offend?»

«Eh ... beleidigen ...»

«Ich war nicht beleidigt, es war nur etwas merkwürdig.»

«I know ...»

Eine Weile waren sie beide still. Marie dachte an Mam. Hoffentlich ging's ihr gut. Sie hatte heute nicht mit Pa telefoniert.

«You said on the phone that things are much better with Angelina.»

«Ja. Sie nervt mich nicht mehr mit ihrem Ordnungstick. Außerdem hat sie mir sehr geholfen, als ... ich so sauer auf dich war.»

«Oh ... How did she do that?»

«Sie hat mir von ihrer besten Freundin erzählt, die in Portugal lebt und die sie auch nur selten sieht. Das geht schon ganz lange so, und trotzdem sind sie immer noch Freundinnen.»

«We could manage that.»

«Ja ...» Marie spürte, wie das Plätschern der Wellen sie immer müder werden ließ. Ab und zu kam aus Jamies Korb ein leichtes Schnaufen. Vielleicht träumte er, dass er am Strand entlangrannte.

«Have you been back to our favourite spot?», hörte sie Claire da sagen.

«Nein ... dazu habe ich allein keine Lust.»

«I thought you might go there with Wiebke ...»

Marie setzte sich senkrecht im Bett auf. Sie war plötzlich überhaupt nicht mehr müde. «Wie kommst du denn darauf?»

«I ... I don't know. I guess I must have been ... a bit jealous when you wrote that Wiebke showed you how to do the crawl.»

Marie ließ sich wieder auf ihr Kissen fallen. «Ich war auch so eifersüchtig auf Grace ...»

«You don't need to be ... honestly ...»

«Ich weiß. Du sollst ja auch andere Freundinnen haben.»

«You, too. I would find it awful if you were always on your own.»

«Wir müssen nur dafür sorgen, dass wir uns ab und zu besuchen können. Weißt du schon, wann du wieder nach Hamburg kommen wirst?»

«I do ...»

«Ehrlich?»

«I wanted to keep it as a surprise. We are coming in August.»

«Oh, super! Das ist gar nicht mehr so lange.»

«My Dad has some work to do for his bank. So we decided that we could all go together. My school only starts in September.»

«Bei uns fängt Anfang August die Schule wieder an. Dann kannst du mitkommen.»

«I'd love to do that.»

«Bis dahin ist auch das Baby da, wenn alles gut geht.»

«I'll keep my fingers crossed.»

Marie rollte sich auf die Seite und streichelte Jamies Kopf. Sie konnte das Meer riechen. «Gehen wir morgen wieder schwimmen?»

«Sure. We are lucky because it'll be high tide when we come home from school. At low tide you can't swim.»

«Ist das Ebbe ... low tide?»

«Yes ... Do you know what I would love to do when I come to Hamburg? Go to Witthüs and eat jellyfish on sand. I've so often thought of our trip there.»

«Ich auch. Weißt du, was Julchen gesagt hat, bevor ich gefahren bin? Jellyfish Claire.»

Claire fing an zu kichern. «She is really sweet.»

Das Letzte, was Marie hörte, bevor sie einschlief, war Claires Kichern, vermischt mit dem Plätschern der Wellen.

Wieder zu Hause

Was für eine Woche, dachte Marie, als sie wieder im Flugzeug saß und nach Hamburg zurückflog. Sie waren jeden Tag schwimmen gegangen, hatten mit Jamie gespielt, waren in der Stadt gewesen, hatten am Strand gepicknickt und sich abends im Bett so lange was erzählt, bis ihnen die Augen zufielen. Marie hatte viele Fotos gemacht und wusste schon, dass sie Claire zu ihrem Geburtstag im Juni wieder ein Album schenken würde. Diesmal war ihnen auch der Abschied nicht so schwer gefallen. Sie würden sich ja im August wieder sehen.

Alle waren zum Flughafen gekommen, um sie abzuholen. Julchen saß auf Pas Schultern und quiekte vor Vergnügen, als sie Marie entdeckte. Und Isabelle und Nele hielten ein großes Plakat in die Höhe, auf dem in roten Buchstaben stand: *Herzlich willkommen, Marie!*

«Viele Grüße von Claire», sagte sie und gab allen einen Kuss.

120

«Jellyfish Claire, jellyfish Claire», rief Julchen.

«Claire kommt bald nach Hamburg», verkündete Marie. «Dann können wir zusammen Qualle auf Sand essen gehen.»

«Jaaa!», kreischte Julchen.

«Wir haben dich vermisst», sagte Isabelle, und Nele nickte dazu.

Marie war gerührt. «Nun bin ich ja wieder da, und ich hab euch auch was mitgebracht.» Sie zog drei kleine Tüten aus ihrem Rucksack. Darin war für jeden eine Kette mit bunten Holzperlen.

«Oh, wie süß!», riefen die Zwillinge.

Und Julchen wollte, dass Marie ihr die Kette sofort umband.

«Für dich habe ich eine Dose Guinness», sagte Marie zu Pa. «Das magst du doch, oder?»

«Und wie! Vielen Dank.»

Sie fuhren gleich zum Krankenhaus, um Mam zu besuchen. Marie hatte ihr eine Packung Pfefferminzpralinen mitgebracht.

«Hm, lecker!», rief Mam, und alle durften probieren.

Später ging Pa mit Julchen und den Zwillingen auf den Flur, damit Marie etwas mit Mam allein sein konnte.

121

«Mir geht's viel besser», sagte sie und strich Marie über den Kopf. «Wenn das Baby jetzt geboren würde, könnte es schon überleben.»

«Darfst du bald nach Hause?»

«Nein, die Ärzte meinen, dass ich bis zur Geburt hier bleiben soll. Es ist sicherer.»

«Wird Angelina weiter zu uns kommen?»

«Ja. Ist das schlimm?»

«Nein, gar nicht. Weißt du, dass ihre beste Freundin in Lissabon lebt? Sie kennen sich schon seit vierzig Jahren und sind immer noch befreundet.»

«Siehst du, das geht also.»

Marie nickte. «Es war so schön mit Claire. Ich hab jetzt keine Angst mehr, dass ich sie verliere. Selbst wenn sie andere Freundinnen hat.»

«Und du auch.»

«Ja ...»

«Hast du Claire vom Schwimmen mit Wiebke erzählt?»

«Ja, ich hab sogar versucht, ihr das Kraulen beizubringen und wir haben jeden Tag im Meer gebadet.»

Ihre Mutter drückte sie. «Meine Große. Ich bin so froh, dass du wieder da bist.»

«Und was ganz toll ist ... Claire kommt im August nach Hamburg.»

122

«Wie schön!»

«Dann wollen wir alle zusammen zum Witthüs.»

«Vielleicht wird sogar schon das Baby dabei sein ...»

«Weißt du, ob es ein Junge oder ein Mädchen wird?»

Mam lächelte. «Ein Mädchen.»

Abends, als die anderen im Bett waren, setzte sich Marie an den Computer und schrieb eine Mail an Claire:

```
Liebe Claire,
ich bin gut wieder in Hamburg gelandet.
Vielen, vielen Dank für alles! Es war
eine Superwoche! Jetzt kann ich mir viel
besser vorstellen, wie du lebst. Wenn ich
die Augen zumache, sehe ich den Strand
vor mir und Jamie, der losrennt, um den
Ball zu schnappen. Und beim Kraulen werde
ich immer ans Meer denken. Üb schön,
dann schwimmen wir im August um die
Wette.
Vorhin war ich im Krankenhaus, um meine
Mutter zu besuchen. Es geht ihr gut. Und
```

123

weißt du was? Das Baby wird ein Mädchen!
Das fünfte in unserer Familie!
Ich freu mich schon so auf August! Bis
dahin ist es gar nicht mehr so lange.
Liebe Grüße
deine Marie

Die Autorin

Renate Ahrens, 1955 in Herford geboren, studierte Englisch und Französisch in Marburg, Lille und Hamburg. Zu ihren Veröffentlichungen gehören Kinderbücher, Drehbücher fürs Kinderfernsehen, Hörspiele, Theaterstücke und zwei Romane für Erwachsene. Seit 1986 lebt sie abwechselnd in Dublin und Hamburg und weiß daher, wie schwer es ist, sich von Freunden trennen zu müssen, aber auch, wie schön es ist, sich nach Monaten wiederzusehen ...

Außerdem bei rotfuchs erschienen: «Hey you – lauf nicht weg!» (Band 21365).

BR 98/2

Illustration: Jan Liefering

Deutsch-englische Geschichten für Leser ab 8 und 10 von Renate Ahrens
Marie und Claire – a German-Irish friendship

Hello Marie – alles okay?
Marie lebt mit ihren Eltern und drei jüngeren Schwestern in Hamburg. Noch hat sie keine feste Freundin gefunden – bis an einem grauen Februartag Claire aus Irland neu in die Klasse kommt. Obwohl Claire kein Wort Deutsch und Marie kaum Englisch kann, verstehen sie sich sehr gut. Aber dann wird in der Klasse Geld gestohlen, und weil Claire neu ist, gerät sie bald ungerechtfertigt in Verdacht. Jetzt kann Marie zeigen, dass sie eine echte Freundin ist. Für Englischanfänger ab acht Jahren: Der erste Band der Freundschaftsgeschichte um Marie und Claire.
rotfuchs 21410 – *ab 8 Jahre*

Hallo Claire – I miss you
Seit Claire in Maries Klasse kam, sind die beiden dicke Freundinnen. Doch dann muss Claire zurück nach Dublin. Ein Schock!
rotfuchs 21330 – *ab 10 Jahre*

Hey you – lauf nicht weg!
Claire kommt zu Besuch nach Hamburg!
rotfuchs 21365 – *ab 10 Jahre*

Marie – help me!
Als Marie zu Claire nach Irland fährt, ist dort ganz schön was los: Claires Eltern haben den kleinen Liam adoptiert.

rotfuchs 21376 – *ab 10 Jahre*

Mehr Infos im rotfuchs-Magazin *fuxx!* und unter *www.fuxx-online.de*

ro
ro
ro

rororo